दस विशिष्ट कवि

दस विशिष्ट कवि

संपादक
विष्णुचंद्र शर्मा

वाणी प्रकाशन

वाणी प्रकाशन

4695, 21-ए, दरियागंज, नयी दिल्ली 110 002

शाखा

अशोक राजपथ, पटना 800 004

फ़ोनः +91 11 23273167 फ़ैक्सः +91 11 23275710

www.vaniprakashan.in
vaniprakashan@gmail.com

DAS VISHISHTA KAVI
Edited by Vishnuchandra Sharma

ISBN : 978-93-5072-856-7
Criticism

प्रथम (वाणी) संस्करण 2015

मूल्य : ₹ 300

शुभम् ऑफ़सेट, दिल्ली-110 032 में मुद्रित

वाणी प्रकाशन का लोगो मक़बूल फ़िदा हुसेन की कूची से

विषयानुक्रम

दस विशिष्ट कवि

संपादक : विष्णुचंद्र शर्मा

1. कवि केदारनाथ अग्रवाल	आलोचक	केदारनाथ सिंह	फरवरी 1957
2. नलिनविलोचन शर्मा	"	त्रिलोचन शास्त्री	अगस्त '57
3. भवानी प्रसाद मिश्र	"	हजारीप्रदास द्विवेदी	अक्टूबर '57
4. गजानन माधव मुक्तिबोध	"	नामवर सिंह	अप्रैल '57
5. त्रिलोचन शास्त्री	"	विष्णुचंद्र शर्मा	जनवरी '57
6. नामवर सिंह	"	त्रिलोचन शास्त्री	मार्च '57
7. रामदरश मिश्र	"	चंद्रबली सिंह	जुलाई '57
8. केदारनाथ सिंह	"	नामवर सिंह	मई '57
9. कीर्ति चौधरी	"	रामअवध द्विवेदी	जून '57
10. दुष्यंत कुमार	"	केदारनाथ सिंह	सितंबर '57

प्रगतिशील कविता की भूमिका

'कवि' जनवरी 1957 से जनवरी-फरवरी-मार्च 1958 तक निकला। कुछ अंक नहीं निकाल सका। यह समय 'तार सप्तक' और नई कविता की प्रशस्ति का समय था। 'कवि' के 'दस विशिष्ट कवि' भारत की सांस्कृतिक बहुलता के कवि थे। वह सिर्फ विदेश की 'आधुनिकता' का अनुवाद नहीं कर रहे थे, बल्कि वे देश के बहुमुखी संस्कृतियों की विरासत को नया रूप दे रहे थे।

'कवि' की प्रगतिशीलता उसी तरह की थी, जिस तरह नागार्जुन, त्रिलोचन, शमशेर, केदारनाथ अग्रवाल की मार्क्सवादी दृढ़ता। मार्क्सवादी आलोचक रामविलास शर्मा और शिवदान सिंह चौहान 'कवि' की इस प्रगतिशील भूमिका को नहीं देख सके थे।

मैंने मुक्तिबोध और शमशेर के जरिए अंत तक बसे हुए दृढ़ मार्क्सवाद की तलाश 'कवि' में की थी। यह तलाश न धर्मवीर भारती 'निकष' में कर सके थे, न 'संकेत' में उपेन्द्रनाथ अश्क। नयी कविता का प्रवक्ता जगदीश गुप्त और अज्ञेय अंत तक भारतीय कविता की प्रगतिशील धारा में नलिनविलोचन शर्मा, त्रिलोचन, केदारनाथ अग्रवाल, शमशेर, नामवर सिंह, केदारनाथ सिंह, कीर्ति चौधरी और दुष्यंत कुमार की उपेक्षा भी करते रहे और अपने दुराग्रह के नाते 'कवि' के कवियों की प्रगतिशीलता से उदासीन भी रहे।

हिंदी का यह दुर्भाग्य है कि जो जातीय हिंदी में 'नयी कविता' का दौर था उसमें गालिब से शमशेर तक की जीवन की बदलती हुई आधुनिकता को निकाल दिया गया था। 'कवि' के *दस विशिष्ट कवि* उस जातीय चेतना के कवि थे।

'कवि' के दस विशिष्ट कवि कविता के बदलाव के जीवित तथ्य यानी बिंब थे। स्व. रामविलास शर्मा की हठवादिता के बावजूद नयी कविता की प्रगतिशील धारा के कवि हैं : मुक्तिबोध, शमशेर, त्रिलोचन, नागार्जुन, नामवर सिंह, केदारनाथ अग्रवाल, भवानी प्रसाद मिश्र, केदारनाथ सिंह, दुष्यंत कुमार, रामदरश मिश्र और कीर्ति चौधरी। यही आज—1957 से 2005 तक का मार्क्सवाद और लोकायतदर्शन की बुनियादी कहानी है, इतिहास है। 'अस्तित्ववाद' की चीरफाड़ करने के पहले यदि डा. रामविलास शर्मा ने सिर्फ दस विशिष्ट कवियों की कविताओं के साथ विष्णुचंद्र शर्मा, केदारनाथ सिंह, नामवर सिंह, त्रिलोचन, चंद्रबली सिंह, हजारी प्रसाद द्विवेदी और रामअवध द्विवेदी की टिप्पणियों पर भी गौर किया होता तो अपनी भूलों का इतिहास जरूर लिखते। यह बदलती हुई कविता की बनावट को 'कवि' के जरिए देख सकते हैं, मार्क्सवादी आलोचक।

आज के कवि और पाठ को सहचिंतन की एक बीज-भूमिका दी थी नामवर सिंह ने। यहां 'पुनश्च' में कुछ आलोचकों को दूसरी बार याद किया है, और कुछ कवियों की जैसे नामवर सिंह, केदारनाथ सिंह, रामदरश मिश्र और त्रिलोचन की इधर की एक दो कविताएं भी इस पुस्तक में जोड़ दी हैं। विश्वनाथ त्रिपाठी ने उस सार्थक दौर की पड़ताल की है और महेश दर्पण ने

कवि' से 'सर्वनाम' तक की यात्रा को याद किया है। नामवर सिंह 'कवि' के 'विवेक' स्तंभ के आलोचक थे, वहां उनका नाम था कवि मित्र। आज भी दस विशिष्ट कवि को नए कवि रजत कृष्ण ने देखा-परखा है। उस समय कवि की भूमिका थी—सहचिंतन की। उस सहचिंतन के केंद्र में थे ब.ब. कारंत। भारतीय भाषाओं की लय, कविता, जातीय चेतना और नाटक की विधा को कारंत ने उस समय तो एक रंग निर्देशक की दृष्टि से देखा था। कवि में सहयोग देने के साथ-साथ भारतेंदु की लोक-दृष्टि से बनारस को वह देख भी परख रहे थे। कवि और कारंत इसीलिए दस विशिष्ट कवियों के केंद्र में थे।

विष्णु चंद्र शर्मा

आज की कविता : कल क्या होगी

शमशेर बहादुर सिंह

आज कविता हम पर हावी हो गयी है, हम उस पर हावी नहीं रहे। आज की बहुत सी नयी कविता में सहज नएपन का धोखा है। जो कुछ कविता के नाम से आज छपता है उसमें नया भी नाम को है और कविता भी। मौलिक में जब अनुवाद का सा 'रस' मिले, तो उसको हद से हद एक सुन्दर भाष्य कह सकते हैं, याद में भरमायी हुई किसी और की कविता का,—या गद्य काव्य, जो अपनी भावना में अब रोमानी न होकर आत्मकथात्मक है। नयी कविता क्लासिक (श्रेष्ठ) कविता से ऊब की, अर्थात् सामाजिक रूप से सुरुचि के आदर्शों से गिरावट का पता देती है। वह केवल हमारी भावनाओं की डायरी है। कविता में आज जो तत्व हम खोजते हैं, वह अक्सर कहानी, स्केच और उपन्यास के भावुक और गहरे स्थलों में सहज ही मिल जाता है। इसलिए कवि भी उसको केवल स्केच की गहरी भावुकता की आत्मीयता के साथ देने की कोशिश करता है : इसी सन्दर्भ में हम चाहें तो उसे सफल नया कवि कह सकते हैं। गद्य और पद्य की सीमारेखायें आज इतनी धुंधली हो गई हैं। प्रयोग में "आत्म-सत्य का खोज" (अज्ञेय) स्वयं घोषित करता है कि मेरा अर्थ 'प्राप्ति' है, 'खोज' नहीं। 'खोज' है मनोविज्ञान और दर्शन। चूंकि (संकुचित अर्थ में) प्रयोगवाद किसी प्राप्ति का संग्रह नहीं करता, इसीलिए इसमें भाषा, छन्द (गद्य और स्वाभाविक बोलचाल का भी गतिमय छन्द होता है) और कथ्य के अनुभूत सत्य की जीवन्त एकता बहुत कम, यदा-कदा ही, मिलेगी। यही आज की कविता की मुख्य असफलता है। अधिकांशतः यह दूसरे तीसरे और चौथे दर्जे पर साहित्यिक शैली की भावना से निष्पत्त साहित्य ही है, जिसमें शैली का ऊपरी साहित्यपन ही उसका प्रमुख 'गुण' है। केवल एक Literary derivative चीज।

नयी कविता में उपलब्धियों का अंश ही 'कविता' है : और वह अभी तक कुछ अपवादों में ही सामने आया है। और उसमें भी जोर नहीं है, बहुत गहराई नहीं है;—एक तरह का चमत्कार ही है। फिर भी ऐसे अपवादों में वह अवश्य प्रयोगवादी (कलात्मक संघर्ष के उत्स के अर्थ में) भी है, और नयी कविता भी। अर्थात् जीवन के किसी काव्य-तत्व को नयी दृष्टि से झलकानेवाली भी है।

यह बात नहीं कि नये पाठकों को आज की नयी प्रयोगवादी कविता रुचती नहीं। नौजवान पाठकों का एक हिस्सा है जो इसे पसन्द करता है, जैसे बीस साल पहले

के पाठकों को छायावादी कविता रुचती थी, या जैसे उससे भी दस बीस साल पूर्व के लोगों को 'भारत-भारती' और 'जयद्रथ बध' ही अच्छा लगता था, या उससे भी पहले केवल सवैया और घनाक्षरी। अतः यह निश्चित है कि आज से बीस साल बाद की रुचि भी आज की कविता की पसन्द को उठाकर एक तरफ फेंक देगी। और मैं जानता हूँ कि उसको कौन-कौन से और कैसे दोष उस समय बुरी तरह खटकेंगे—जिनको बीस साल बाद की सहजता से खुल कर कहना आज, स्पष्ट है कि, अजब सा लगेगा, बल्कि बुरा-सा भी; और शायद गलत भी—बल्कि असम्भव! मसलन : (1) आज भी साहित्य की भाषा कोई भाषा नहीं। गढ़ी हुई, कृत्रिम भाषा है, गद्य और पद्य दोनों। उसके वाक्य और वाक्यांशों में क्रियापदों का प्रयोग करना किसी बिरले को आता है। और अर्थ का अनर्थ और व्यञ्जना में बचकानापन और छन्द और गति में लड़खड़ाहट कदम-कदम पर मिलती है। हमारे साहित्य की भाषा में जान नहीं है;—जिसे जान कहते हैं। या फिर केवल सामान्य उपयोग की (राष्ट्र) भाषा है, साहित्य की नहीं। बहुत ही थोड़े से अपवादों को जाने दीजिये। अन्तिम विश्लेषण में वह भी कितना ठहरते हैं, देखने की बात है। (2) यह सत्य बीस बरस बाद की ही खोज होगा (मैं कितना ही दोहराऊँ, आज यह अदृश्य ही रहेगा : कारण ऐतिहासिक है) कि खड़ी बोली हिन्दी का आधार वास्तव में उर्दू है, और एक दम उसका अभिन्न अङ्ग। जहाँ साहित्य के रूप में आज हिन्दी खड़ी है, वहाँ भोजपुरी, अवधी, ब्रज और बुन्देलखण्डी भाषाएँ होंगी; और खड़ीबोली का साहित्य मुख्य रूप से पश्चिमी उत्तर प्रदेश की बोली में रचा जायगा, जिसे उर्दू की परम्परा आत्मसात् कर चुकी या कर रही होगी। यह भाषा अत्यधिक सरल, प्रवाहमय और व्यञ्जना की सहज विदग्धता और लोच लिए होगी। निराला के बाद दूसरा महाकवि तभी पैदा होगा; जिसके अधिकार में उर्दू, फारसी, संस्कृत और अरबी, अवधी और ब्रज की सांस्कृतिक पूंजी होगी। तब भाषा के छूआछूतवादी आन्दोलनों पर लोग हँसा करेंगे। यह इसलिए भी सम्भव होगा कि तब शिक्षा प्रणाली का आधार (आज परीक्षाओं में सफलता) और उसका मूल मन्त्र प्रोफेसरों की अपने नाम से गरीब शोषित शिष्यों द्वारा लिखाई हुई 'कुन्जियाँ' न होंगी, न रिश्वत और धाँधलीबाज़ी की दौड़ में सफल 'स्वीकृत' सस्ती भोंडी दोषपूर्ण टेक्स्टबुकें : बल्कि (उम्मीद है) रेडियो, फिल्म, नाटक, गीत, नृत्य और सांस्कृतिक मेले और सुयोजित पर्यटन। शिक्षा पद्धति के ये महत्वपूर्ण आधार होंगे। तब अपने सगे पड़ोसियों और देशवासियों की भाषा और लिपि को लोग उसी हर्ष और उत्सुकता से सहज ही ग्रहण कर लिया करेंगे जैसे आज समस्त भारत में प्रसिद्ध फिल्मी ट्यूने बिना किसी के सिखायें मजे से गुनगुनाने लग जाते हैं, बल्कि बोल भी (चाहे अर्थ न समझें) सीख लेते हैं; या जैसे आज रेडियो सीलोन की विजय भारत और पाकिस्तान की सीमाओं पर घर-कर हँस रही है। हमारे पूंजीपतियों और

प्रकाशकों में रत्ती भर भी सूझ नहीं है, न जरा भी सच्चा एडवेंचर। मगर घबराने की बात नहीं। जब पड़ोसी देस रूस और चीन विकसित वैज्ञानिक शिक्षा पद्धति द्वारा हमारी सांस्कृतिक और साहित्यिक पूंजी पर अपना सहज अधिकार जमा लेंगे (जैसा कि हमारे वेदों और हमारी संस्कृत पर जर्मनों का है), तब हम भी, अपनी परम्परा के अनुसार, उनकी देखा देखी, बहुत से 'कमीशनों' की रिपोर्टों की अवहेलना कर चुकने के बाद, धीरे-धीरे आगे बढ़ेंगे, और सचमुच इतिहास की गलतियों से कुछ सीखेंगे। अभी तो हमारी अपनी सांस्कृतिक पूंजी पूरी-पूरी अपनी नहीं, न हम चाहते हैं कि वह पूरी तरह अपनी हो; वास्तव में वह अब भी विदेशियों की ही हैं (हमारी पूंजी तो केवल घनघोर भावुक शब्दाडम्बर और जबानी जमाखर्च में ही है।) जो कुछ 'हमारा' है, वह उनकी नकल में ही है; उनकी देखा-देखी। क्या साहित्य, क्या चित्रकला, क्या मूर्तिकला, क्या स्थापत्य। कहीं जो कोई अपवाद हो गया है, वही महान् है : रवीन्द्रनाथ, निराला, इकबाल, अवनीन्द्रनाथ, जामिनीराय। इन्होंने अपनी जमीन बाहर नहीं खोजी, बाहर से केवल कुछ अनुभव लिया, प्रगति के कुछ चरण लिये; अनुभूति अपनी ही धरती से ली। आज हमारी अनुभूति की पृष्ठभूमि भी विदेशी है; भाषा की घड़न, उसका ढाल और साँचा विदेशी है। शब्द संस्कृत कोश के हैं, क्रियापदों का प्रयोग केवल 'व्याकरण' है, प्राणहीन, जड़; वाक्य तक अंग्रेजी के ढर्रे पर घिसटते हैं। जीती-जागती भाषा का कोई संस्कार उसमें नहीं। कथा साहित्य के गद्य में थोड़ा-बहुत है; पद्य में तो बिल्कुल नहीं। यह चीज ग़ौर करने की है। किसी देश में ऊँचे साहित्य का सृजन क्या इसी ढंग से हुआ है जिस ढंग से हमारे यहाँ हो रहा है?

अब तक जो उपलब्धियाँ हुईं बीस बरस बाद उनका केवल ऐतिहासिक महत्व होगा। शहरी वातावरण की घुटन, उसकी बहुत ही संकुचित सीमाएँ, बनावटीपन और झूठा तकल्लुफ और घिरा हुआ दृष्टिकोण, मंजा हुआ अनुवादपन या साहित्यपन, दर्द और हँसी सबमें वही झूठापन या हलकापन सा, वही अभिव्यक्ति का करुण संघर्ष, जो कृत्रिम परिस्थितियों में प्रकट हुआ करता है।

इसका इलाज : (1) गहरे basic संस्कारों को अपने अन्दर पैदा करना। मसलन, किसके संस्कार को?—लोकगीत के, तुलसी के मर्म के; कबीर की सामाजिक अनुभूति के; मीर और अनीस और मतिराम और रत्नाकर के भाषागत और गालिब और निराला और रवीन्द्रनाथ के भावगत श्रेष्ठ कलात्मक सुरुचि के। (2) देश के निर्माण की समस्याओं को अपनी 'व्यक्तिगत' समस्या बनाना। (3) संसार की महान संस्कृतियों के जीवन्त तत्वों की मदद से अपनी संस्कृति को पहचानना और उससे अपनी अनुभूतियों को मूल्यवान बनाना और उनकी मार्मिक अभिव्यञ्जना के लिए सुरुचिप्रवण शक्ति ग्रहण करना। (4) विनम्रता ग्रहण करना; दलबन्दी और साहित्यिक (!!) विद्वेषों को दूर से नमस्कार करना : अगर सचमुच कुछ उठना चाहते हैं हम, तो। यह न

भूलना कि किसी भी कलामाध्यम की सार्थक साधना के लिए एक पूरी लम्बी उम्र भी काफी नहीं। (5) आलोचना में सदैव निष्पद निर्भीक विश्लेषण की माँग करना, लिबलिबेपन की नहीं,जो सच्चे नौजवान साहित्यिकों की स्पिरिट के हमेशा खिलाफ है।

अंत में फुटनोट के तौर पर कह देना जरूरी है कि हिन्दी कविता के आज के युग की सीमा से आगे जाकर या बाहर निकलकर न देखें, तो कह सकते हैं कि उसमें बहुत सी नई शिल्पगत उपलब्धियाँ हुई हैं और कुछ थोड़ी-सी वस्तुगत भी; मगर उनकी बहस प्रस्तुत निबन्ध का विषय नहीं है।

(जनवरी-फरवरी, मार्च 1958)

‘कवि’ की ही पृष्ठभूमि में एक उछाल है ‘सर्वनाम’

महेश दर्पण

K.40/72 काल भैरव, वाराणसी एक पता भर नहीं है। जनवरी, 1957 में इस पते से विष्णुचन्द्र शर्मा ने कविता मासिक ‘कवि’ का प्रकाशन प्रारंभ किया था। दो आना मूल्य की वह पत्रिका प्रस्तुति में अपनी सादगी, किन्तु कलेवर में विशिष्टता के लिए शीघ्र ही हिन्दी साहित्य-जगत की प्रमुख पत्रिकाओं में गिनी जाने लगी। यदि ‘युग प्रभात’, केरल की सम्मति का उल्लेख किया जाए तो यह हिन्दी पत्र संपादन के इतिहास में जरूरी है कि तत्कालीन पत्र-पत्रिकाओं ने ‘कवि’ पर उत्कृष्ट पत्रिका की पहचान के साथ प्रशंसात्मक टीपें प्रकाशित की थीं। इनमें कल्पना, ज्ञानोदय, आज और द हिन्दी रिव्यू तो शामिल थी हीं, बालकृष्ण राव सरीखे संपादक और राहुल सांकृत्यायन सरीखे मनीषी भी सम्मिलित थे।

‘कवि’ का पहला अंक जनवरी, 1957 को प्रकाशित हुआ। इसके ‘वागद्वार’ में ही संपादक विष्णुचन्द्र शर्मा ने स्पष्ट कहा था : “आज भी ‘कवि’ अनास्था के बिखरे हुए जगत में सांस्कृतिक एकता का संदेशवाहक है। उसने कविता के माध्यम से नए युग की जटिल ग्रंथियों को सुलझाने का व्रत लिया है। इसी कारण उसकी शक्ति भिन्न-गुणात्मक जगत में मानव को पहचानने और उसकी भावना को अभिव्यक्त करने में सफल हो रही है।...” ‘कवि’ के प्रकाशन को इसीलिए संपादक ने स्वयं भी एक घटना माना था और यह रेखांकित किया था कि ‘कविता प्राचीन काल से संस्कृति की सहज अभिव्यक्ति मानी गयी है। हर युग की सभ्यता के परिवर्तन को पहचानने का एक माध्यम कविता मानी गयी हैं। कवि अपने समय की रसमयी घोषणा करता है।’

पहले अंक में विशिष्ट कवि के रूप में त्रिलोचन शास्त्री को प्रस्तुत किया गया। त्रिलोचन की चार कविताओं के साथ विष्णुचन्द्र शर्मा की विशेष टिप्पणी इस अंक की उपलब्धि है। त्रिलोचन जी को एक समर्थ कवि के रूप में रेखांकित करते हुए उनका कहना है, “युग विकास के संघर्ष में वह जीवन के साथ है। अपने अनुभव और काव्य-संस्कार से यह मनुष्य को आगे बढ़ाते हैं। इसी कारण वह कर्म मार्ग के संदेशवाहक हैं। वह यथार्थवादी परंपरा के समर्थ कवियों की तरह अनंत सौंदर्य, अनंत शक्ति और अखंड-शील की सर्वसाधारण के बीच रसमयी घोषणा करते हैं और जनसमुदाय की मर्मानुभूति (ग्रुप एक्सपीरिएंस) को वाणी देते हैं। इसके लिए त्रिलोचन

ने आत्मविश्लेषण और काव्य परिशीलन किया।'' सच पूछें तो यह टिप्पणी समूचे त्रिलोचन को समझने की कुंजी हैं।

इसी अंक में चंद्रबली सिंह द्वारा किए गए वाल्ट विस्टमन के अनुवाद, नामवर सिंह की कविता 'भावचित्र' और केदार नाथ सिंह की कविता 'निराकार की पुकार' ही नहीं कन्नड़, उर्दू और भोजपुरी की रचनाएं भी प्रकाशित हैं। 'विवेक' के अंतर्गत कविमित्र की टिप्पणी बहुत कम में भी काफी कुछ कह जाती है।

पत्र-पत्रिकाओं की दृष्टि से यह समय खासा भरा-पूरा समय था, लेकिन 'कवि' ने अपनी उपस्थिति से इसे और सम्पन्न ही किया। इसके संपादक का यह विश्वास रचनाओं में भी साफ नजर आता है कि 'कवि के कवि जमाने के अधिक निकट और उसकी तीव्र अनुभूति को दिखाने का यत्न करते हैं।' फरवरी 1957 के अंक में ठाकुर प्रसाद सिंह के दो संथाली चित्र हों या विशिष्ट कवि केदारनाथ की टिप्पणी हो या 'विवेक' में कविमित्र की चुटीली शैली, भारतीय भाषाओं की सार्थक कविताओं के अनुवाद हों या लर्मतोव और इलियट की रचनाएं, 'कवि' के संपादक की सजग दृष्टि साफ नजर आती है। केदारनाथ सिंह की यह उक्ति इस अंक में उल्लेखनीय है कि 'युग और इतिहास के दबाव का जितना गहरा असर केदार (नाथ अग्रवाल) की कविताओं पर है उतना किसी भी कवि की रचनाओं में नहीं पाया जा सकता।' कवि की.... रचना को जहां एक ओर शक्ति मिली है, वहां दूसरी ओर वह इतिहास की क्षिप्र दानवी गति के साथ कुछ दूर तक टूटती और बिखरती भी चली गई है। पर केदार ने 'बराबर उसे समेटने की कोशिश की है और यही ताज़गी उनके अछूतेपन का रहस्य है।'

कवि-मित्र की चुटीली शैली का नमूना देखना हो तो एक ही वाक्य पर्याप्त है—''लोग कहते हैं कि कविता समझ में आने से पहले मन को छू लेती हैं, दरअसल वह समझ में न आने से पहले 'राष्ट्रवाणी' में आती है या फिर ऐसे आलोचकों के घोषणा-पत्र में आती है।'' इस अंक में भी भारतीय कविता का आस्वाद देने के लिए मगही, बंगला, असमिया की कविताओं के साथ हिन्दी से रामदरश मिश्र, हरिमोहन, विजेंद्र, लालजी सिंह, पारसनाथ सिंह की रचनाएं नजर आती हैं।

मार्च, 1957 का अंक 'कवि' का तीसरा अंक है। इसके 'वाग्द्वार' में ही मुक्तछंद की संभावना पर विचार करते हुए कवियों की रचनाओं का उल्लेख किया गया है। संपादक का यह विचार समीचीन है कि हिन्दी में मुक्तछंद का प्रयोग और विचार निराला जी ने प्रारंभ किया। उनका मुक्त छंद पद्य को गद्य के काफी निकट ले आया है। यदि इस 'वाग्द्वार' में प्रस्तुत मुक्तछंद की विशेषताओं पर गौर किया जाए तो निराला, अज्ञेय, शमशेर, जगदीश, प्रभाकर माचवे व मुक्तिबोध के साथ-साथ नागार्जुन व त्रिलोचन, रामविलास व केदारनाथ अग्रवाल और नरेन्द्र शर्मा व गिरिजा कुमार माथुर

को समझने के कुछ प्रारंभिक सूत्र खुलते हैं।

इस अंक के विशिष्ट कवि हैं नामवर सिंह और उन पर टिप्पणी की है त्रिलोचन ने। त्रिलोचन शास्त्री अर्थविचार से नामवर को आधुनिक कवि स्वीकारते हैं। इस अंक में, एक साथ नामवर सिंह की आठ कविताएं पढ़कर यह सहज ही समझा जा सकता है कि यदि वह इसी दिशा में प्रवृत्त हुए होते तो आज एक और बड़ा कवि हमारे सामने होता। हो चीमिन्ह की कविता 'वियतनामःशरद' इस अंक की उपलब्धि है। विवेक में कवि-मित्र की यह टीप काबिले गौर है कि "हमेशा की तरह इस बार भी मुक्तिबोध ने अपने 'सहचर मित्र' का चित्रण किया है। जिस ईमानदारी के साथ मुक्तिबोध आत्मसमीक्षा करते हैं, वह अन्यत्र दुर्लभ है। और वही उनकी कविता का आकर्षण भी है। समझ में नहीं आता कि वह बहुत सी कविताओं को एक कविता क्यों बना देते हैं।"

अप्रैल 1957 के 'वाग्द्वार' में संपादक की यह सम्मति समीचीन है कि 'अच्छा कवि, अच्छा काव्य पाठ दे, यह जरूरी नहीं।' (जिन्होंने त्रिलोचन का रचना पाठ सुना है, वह इस वाक्य का अर्थ और अच्छी तरह समझते हैं) जहां ज्यादातर प्रयोगवादी कवियों को नए गवैया के समान एक ही चढ़ान में काव्यपाठ करने वाला बताया गया है जहां भाव का पता नहीं रहता। संपादक की यह बात उल्लेखनीय है कि "काव्यपाठ का संबंध कविता की वस्तु और ईषत अभिनय के साथ-साथ श्रोता के संस्कार से भी है। श्रोताओं की रुचि को नये कवि बदल नहीं पाए हैं।... पश्चिम में काव्यपाठ के समुन्नत होने का कारण, वहां की प्रशिक्षण पद्धति है, जिसकी ओर हमारे यहां ध्यान भी नहीं दिया जाता।" आज भी यह टिप्पणी नये कवियों पर हू-ब-हू लागू होती है। इस अंक में विशिष्ट कवि हैं—मुक्तिबोध, और उन पर टिप्पणी की है नामवर सिंह ने। यह टिप्पणी मुक्तिबोध के काव्य-संसार को समझने के अधिकाधिक सूत्र थमा देती है। बाद में इन्हीं पर विस्तार से चर्चा करते हुए इस कवि पर विचार किया भी गया। आज से 48 बरस पहले नामवर सिंह का यह विचार मुक्तिबोध पर एक तरह का उल्लेखनीय विचार था जिसने हिन्दी जगत में उन्हें निश्चित जगह दिलाने में महत्वपूर्ण भूमिका निभाई। नामवर सिंह के इस कथन से उस समय शायद ही किसी को असहमति रही हो कि "मुक्तिबोध उन कवियों में से हैं जिन्होंने सफलता का सरल पथ छोड़कर इस युग की उलझनों में जानबूझकर अपने को डाला है। उन्होंने एक मुश्किल काम अपने हाथ में लिया है। उनकी कविताओं का केंद्रीय विषय है : आज के व्यक्तिमन का अंतर्द्वंद्व। सामाजिक अंतर्द्वंद्व की जो छाया व्यक्ति के जागरूक मन में प्रतिबिंबित हो रही है, उसी के मार्मिक चित्रण का प्रयास मुक्तिबोध ने बार-बार किया है। इस तरह मुक्तिबोध आत्मविश्लेषण के माध्यम से इस युग के सामाजिक संघर्ष को समझाना चाहते हैं। उनकी कविता में इसी आत्मसंघर्ष से छिटकी हुई

चिनगारियों की चित्र श्रृंखला मिलती है।'' बाद में मुक्तिबोध का यही चिंतक रूप चर्चा में रहा।

इसी अंक में चंद्रबली सिंह द्वारा किए गए नाजिम हिकमत के अनुवाद व ओदोलेन स्मेकल की कविताएं भी ध्यान खींचती हैं। लेकिन उपलब्धि के रूप में रेखांकित किए जाने योग्य है मुक्तिबोध की शीर्षकहीन कविता। दरअसल, यह उनकी महत्वपूर्ण और बाद में बेहद चर्चित कविता 'ब्रह्मराक्षस' का ही पहला ड्राफ्ट है। इस रचना को लेकर मुक्तिबोध कितने गंभीर थे, यह इसी बात से समझा जा सकता है कि इस पर वह सन् 1962 तक संशोधन करते रहे थे। हर बार की तरह इस बार भी 'विवेक' में कविमित्र बजरिए मलार्मे सुझाते हैं एक नई बात–'कविता विचारों से नहीं लिखी जाती और विचारों में भी नहीं।'

मई अंक में नयी कविता को आज के संघर्ष की अभिव्यक्ति बताते हुए 'वाग्द्वार' में ही संपादक ने कहा है कि 'नये कवि के लिए यह युग आस्था शून्य नहीं है।' शमशेर, विश्वनाथ, त्रिलोचन, दुष्यंत, सलाम मछलीशहरी, पुश्किन, महमूद गॉमी आदि की रचनाओं से सुसज्जित यह अंक विशिष्ट कवि रूप में केदारनाथ सिंह को प्रस्तुत करता है। टिप्पणीकार हैं नामवर सिंह। नामवर सिंह इस कवि को उस पीढ़ी के प्रमुख कवियों में शुमार करते हैं जिसने नयी कविता को एक विशेष दिशा में मोडने का सफल प्रयत्न किया। उनका यह कथन तब केदारजी की कविता को खास तौर पर रेखांकित करता नजर आता है कि ''चित्र चयन और चित्र रचना अर्थात चित्रों द्वारा उपयुक्त रागबोध के 'पैटर्न' का निर्माण की जैसी क्षमता केदारनाथ सिंह में है, वैसी आज किसी कवि में नहीं है।'' लेकिन उस दौर में केदारनाथ सिंह की कविता से जो अपेक्षाएं नामवर जी को रही होंगी, उनका भी खुलासा टिप्पणी के अंत तक आते-आते सहज ही हो जाता है। सच पूछें, तो यही नामवर सिंह की आलोचना की शक्ति भी बनी। इसी के चलते उन्होंने अपनी आलोचना में रचनाकार की प्रतिभा के उचित विकास की चिंता की।

'विवेक' में इस महीने की कविता के रूप में रघुवीर सहाय की कविता 'बसंत' को चर्चा के केंद्र में रखा है कविमित्र ने। यह स्तंभ जहां समकालीन रचनाशीलता पर निर्भीक और सुचिंतित टिप्पणी करता है, वहीं कविता के प्रगतिशील मूल्य को भी सामने रखता है।

यही कारण है कि नयी कविता पर बात करते हुए जून 1957 के 'वाग्द्वार' स्तंभ में (जो दरअसल संपादकीय ही है) कहा गया है–'नयी कविता ऊपर से थोपे हुए निर्देशों में विश्वास नहीं रखती, चाहे वह नयी कविता के प्रचारकों का आदेश हो, या पुराने आलोचकों का। वह छायावाद का विकास है, ह्रास नहीं।' नयी कविता में जिसे असामान्यता का आकर्षण समझा जा रहा है, वह नई सामाजिक चेतना का विकास

है। विचार में दोष सिर्फ दृष्टि और कोण का है। हम उसे कैसे और कहां देख रहे हैं।")

इस अंक में विशिष्ट कवि के रूप में उपस्थित हैं कीर्ति चौधरी। उन पर टिप्पणी की है डा. रामअवध द्विवेदी ने। इस अंक में शमशेर, मुक्तिबोध, भगवान सिंह, विष्णुचन्द्र शर्मा और परमानंद श्रीवास्तव की रचनाएं आकर्षक हैं। 'विवेक' के अंतर्गत कुंवर नारायण की रचनाओं पर आलोचनात्मक छीटे हैं।

निराला ने एक साथ हिंदी कविता के भाव-सौंदर्य और नाद-सौंदर्य को किस तरह समृद्ध किया, यह देखना हो तो जुलाई 1957 'कवि' का 'वाग्द्वार' दृष्टव्य है। निराला क्यों नये काव्य का मानदंड हैं और नये कवियों के कवि भी यह सम्पादक ने कई उदाहरणों से स्पष्ट किया है। इस अंक में नामवर सिंह, रामदरश मिश्र और रिल्के की रचनाएं तीन काव्यालोकों की तरह से हैं। विशिष्ट कवि रामदरश मिश्र पर चंद्रबली सिंह की जेनुइन टीप उत्साहवर्घक है। 'विवेक' में 'इन्द्रधनुष रौंदे हुए ये' (अज्ञेय) की समीक्षा ही प्रस्तुत है।

बाद के अंकों में 'कवि' के 'वाग्द्वार' में "नये प्रेमोदगार पूर्ण प्रगीत-मुक्तक" को हिन्दी कविता की उपलब्धि और संभावनाओं का विकास बताते हुए, व्यंग्य काव्य को विचार का एक पहलू बताते हुए, समित्रानंदन पंत की संघर्ष चेतना पर चर्चा करते हुए, नित नये विषय उठाए गए और उन पर गंभीर चर्चा के सूत्र प्रस्तुत किए गए। इन बाद के अंकों में संपादक विष्णुचन्द्र ने क्रमशः नलिन विलोचन शर्मा, दुष्यंत कुमार, भवानी प्रसाद मिश्र को विशिष्ट कवि के रूप में प्रस्तुत किया और उन पर क्रमशः त्रिलोचन शास्त्री, केदारनाथ सिंह और हजारी प्रसाद द्विवेदी से विशिष्ट लेख लिखवाए। 'कवि' की यह शृंखला हिन्दी कविता के इतिहास में स्थायी महत्व की है। इस शृंखला में द्विवेदी जी का आलेख अलग ही तरह का है। क्या ही अच्छा हो कि इन कविताओं के साथ इन विशिष्ट लेखों को संपादित कर एक पुस्तक प्रकाशित करा दी जाए।

कवि के अंकों में ही संभव था कि अजित कुमार, केदारनाथ सिंह, रवींद्रनाथ टैगोर, श्रीकांत वर्मा, द.र. बेंद्रे, लोर्का, विजयमोहन, शेखर जोशी, महेंद्रपाल भल्ला, रमई काका, वी. सीतारमय्या, बादलेयर, पारसनाथ सिंह, मायकोवस्की, म.प्र. देशपांडे, प्रभाकर माचवे सहित अनेक नये कवियों की रचनाएं भी नजर आ जाएं। इसके 'विवेक' स्तंभ में प्रायः पत्रिकाओं में प्रकाशित कविताओं का जायजा तो लिया ही जाता था, कभी कभार किसी संग्रह विशेष की समीक्षा भी प्रकाशित की जाती थी। 'गीतफरोश' (भवानी प्रसाद मिश्र), 'स्वप्न भंग' (प्रभाकर माचवे) पर कवि-मित्र की टिप्पणियां कवियों की विशेषताओं कां उल्लेख तो करती ही हैं, सीमाओं का उल्लेख किए बगैर भी नहीं रहतीं।

सच पूछा जाए तो कविता-मासिक 'कवि' अपने आप में एक रचनात्मक माहौल की सृष्टि करता था। इसका 1958 में प्रकाशित 'नयी कविता विशेषांक' कई कारणों से ऐतिहासिक महत्व का है। इसके 'वाग्द्वार' में संपादक ने सही कहा था कि "नये कवियों में एक द्वंद्व है, जो आज के कवि को पुराने कवियों के संस्कारों से, काव्य सौंदर्य से अलग करता है।" इस अंक में रघुवीर सहाय, नामवर सिंह, शमशेर बहादुर सिंह, रामअवध द्विवेदी, शंभुनाथ सिंह के लेख नयी कविता पर कई कोणों से विचार करते हैं। इनमें सामाजिक यथार्थ से शिल्प तक, नई कविता और क्षण, आज की कविताः कल क्या होगी, अत्याधुनिक हिन्दी कविता, नयी कविता की नई दिशा जैसे विषयों पर तो विचार किया ही गया है, 'विवेक' स्तंभ में शमशेर की कविता 'आओ' पर जगत शंखधर का पत्र और शमशेर का उत्तर आज भी पठनीय है। कविता के प्रति उसके पाठक और रचनाकार का यह सेंस ऑफ इन्वॉल्वमेंट ही दरअसल 'कवि' का अभीष्ट भी रहा होगा। जिज्ञासा की प्रस्तुति में अगर यहां जगत शंखधर का जवाब नहीं है तो कविता की व्याख्या और रचना-प्रक्रिया पर शमशेर का जवाब भी ऐसा है कि कविता पूरी तरह खुलकर खिल उठती है।

'कवि' का सफर बहुत लंबा भले ही न रहा हो, लेकिन उसने इस बीच कई उल्लेखनीय काम कर यह साबित कर दिया कि भले ही सरकारी और सांस्थानिक सहयोग पत्रिका के साथ न रहे, यदि संपादक में समर्पण और इच्छा शक्ति है तो पत्रिका का अपना पाठक वर्ग बन सकता है। कवि-कथाकार और व्यावहारिक समीक्षा के विशेषज्ञ विष्णुचन्द्र शर्मा ने यह अर्धशती पूर्व सच कर दिखाया था।

फिर लंबे समय बाद 1972-73 में विष्णुजी ने 'सर्वनाम' का प्रकाशन प्रारंभ किया। तब उनके सामने अनेक प्रश्न थे, लेकिन सबसे बड़ा प्रश्न यह था कि जिंदगी और साहित्य भी इस दौर में विभाजित हो गए थे। एक बातचीत के दौरान विष्णुचंद्र शर्मा ने यह स्पष्ट कहा कि इस दौर में कवियों ने तुरंत कलम रख हथियार तो उठा लिए, लेकिन एक भी जगह बस्ती में वह स्थिति नहीं आई जो प्रेमचंद के सामने समानांतर रूप में दिखाई देती थी। जाहिर है, ऐसे में कवि की ही पृष्ठभूमि को एक उछाल के रूप में 'सर्वनाम' के संपादक ने लिया।

तब से आज तक 'सर्वनाम' का अंक अपनी तरह से आज की दुनिया में सार्थक हस्तक्षेप करता चला आ रहा है। यह सही है कि आज की चकाचौंध भरी दुनिया में 'सर्वनाम' की सादगी देख कर बहुतों को हैरत होती है, निर्भीकता देखकर बहुतेरे हैरान होते हैं, समर्पण न करने की प्रवृत्ति देख तमाम लोग परेशान होते हैं, लेकिन संपादक विष्णु चन्द्र शर्मा है कि आज भी हर अंक को सचमुच चुनौती की तरह लेते हैं। क्यों न लें, आखिरकार 'सर्वनाम' के साथ पूरे हिंदुस्तान का बदलाव एक प्रश्नचिन्ह की तरह उनके सामने जो रहा। छोटे से कलेवर में भी 'सर्वनाम' के अनेक अंक इतने

महत्वपूर्ण प्रकाशित होते रहे हैं कि उन पर शोधार्थी शोध करें तो हैरतअंगेज परिणाम सामने आएंगे। सच पूछें, तो 'सर्वनाम' विष्णुचंद्र शर्मा की विरोध करने की क्षमता का प्रतीक है। उनके इस स्वर में कई और स्वर शामिल हैं। जाहिर है, इनमें अधिकांश वे लोग हैं, जिन्हें रचना भरा जीवन पसंद है, और उनके लिए रचना का अर्थ है जीवन की समझ और प्रतिपक्ष की भूमिका। इस अर्थ में, सच कहूं, मेरे लिए 'सर्वनाम' का पता-ई-11, सादतपुर, दिल्ली-110094 एक पता भर नहीं है।

सी-3/51 सादतपुर, दिल्ली-94

(लेखन सूत्र 2003-2004 अंक 2)

कवि जी जमीन पर सार्थक कविता

मुक्तिबोध, त्रिलोचन, केदारनाथ अग्रवाल, केदारनाथ सिंह और नामवर सिंह

विश्वनाथ त्रिपाठी

'कवि' के प्रकाशन के समय मुक्तिबोध कवि रूप में जाने तो जरूर जाते थे लेकिन उस रूप में नहीं जैसा कि आज जाने जाते हैं। उन्हें विशिष्ट कवि के रूप में प्रस्तुत करके 'कवि' ने अपनी अचूक विवेचना-क्षमता का परिचय दिया था। मुक्तिबोध की महत्ता को पहचानने वालों में कवि संपादक का नाम अग्रणी माना जाएगा। मुक्तिबोध की संवदेना किसी भी करुणा-दृश्य से मुंह नहीं मोड़ती। वे एक पैर उठाते हैं तो सौ राहें फूटती हैं और वे सब पर से गुजरकर आगे बढ़ते हैं इसलिए उन्हें देर लगती है। कविता खतम नहीं होती। कविता जब इतिहास का सहचर बन जाए, इतिहास की जिम्मेदारियां उठाने लगे तो खतम कैसे हो सकती है, सफल कैसे हो सकती है? हां, सार्थक हो सकती है। महत्त्वपूर्ण बात यह कि मुक्तिबोध कविता में अपने मैं को निर्ममतापूर्वक आत्मग्रस्त रूप में ही देख पाते हैं। वर्ग-संघर्ष में इस कवि ने 'आत्म-संघर्ष' का भाव-बोध प्रस्तुत किया। सवाल है कि 'मैं क्या करता था अब तक'। मुक्तिबोध ने कविता के सामने एक ऐतिहासिक एजेंडा रखा—सकर्मकता का। कवि केवल शब्द-व्यापारी नहीं है। कवि के शब्द में कर्म ही अर्थ या शब्दाग्नि है। कवि मुक्तिबोध की पीड़ा अर्थसहित शब्द की निस्संगता-बोध की पीड़ा है। उन्होंने इस दृष्टि से निराला के कवि और उनकी कविता का विस्तार किया।

अब हम कविता के शिल्प की बात ज्यादा करते हैं किंतु मुक्तिबोध के 'आत्म-संघर्ष', 'सकर्मकता', 'अग्नि' की बात नहीं करते। मुक्तिबोध मराठी-भाषी थे। वे हिंदी के मराठी-कवि हैं। इसीलिए हिंदी के गीत, छन्द आदि के क्षेत्र में वे सीमित हैं। इस संदर्भ में भवानी प्रसाद मिश्र, केदारनाथ अग्रवाल, और त्रिलोचन समृद्ध कवि हैं। भवानीप्रसाद मिश्र विशेषांक में कवि ने उनकी कविताओं पर पं. हजारीप्रसाद द्विवेदी की आलोचना छापी थी कविता में। यह कविता-आलोचना हिंदी में अभी तक अनुपम है। भवानी मिश्र की कविताएं केवल हिंदी भाषा की क्षमता नहीं प्रकट करतीं। वे अमिधा की शक्ति की परिचायिका हैं। उपयुक्त सरल वाक्य कितनी स्थितियों को संदर्भित करके मार्मिक बन सकता है? सरलता वस्तुतः जटिलता का रूप है। वह पाठक को अर्थ-गर्भित अवकाश प्रदान करता है। प्रतीक, अलंकार वैचित्र्य आदि पाठकीय अवकाश को सीमित करके अपना अर्थ प्रदान करते हैं। इस दृष्टि से त्रिलोचन की वे कविताएं उत्कृष्ट हैं जहां वे छोटे अनलकृंत वाक्य में अर्थ का आकाश खोल देते हैं—पौधा निर्वाक खड़ा है। आदमी समूह में अकेला अकुलाता है।—जैसी पंक्तियां। त्रिलोचन ने कविता में वाक्य-साधना

बहुत की है। लेकिन मुझे वे सरल-वाक्यों के कवि नहीं लगते। भवानीप्रसाद मिश्र और नागार्जुन के वाक्यों में सरलता ज्यादा है। त्रिलोचन रूप-सतर्क कवि हैं। त्रिलोचन खड़ी बोली, ब्रज, अवधी, काव्य परंपरा के मर्मज्ञ कवि हैं। वे कविता पर निरंतर विचार करते रहते हैं। फिर अपने विचारों के अनुकूल काव्य-प्रयोग करते हैं। ग़ज़लें लिखीं, सोनेट लिखे, बरवै लिखे और भी बहुत कुछ। इन प्रयोगों में संवेदना की अनिवार्यता कितनी है। इस पर विचार होना चाहिए। क्या वे हिंदी और उसकी बोलियों के आचार्य-कवि हैं? क्या नागार्जुन की मैथिली और केदारनाथ अग्रवाल की बुंदेली कविताएं त्रिलोचन की अवधी कविताओं से ज्यादा जनपदीय और लोक गीतात्मक नहीं। 'नगई मेहरा' या संस्मरण, कहानी होता तो क्या बिगड़ जाता? ये ऐसे सवाल हैं जो मन में उठते हैं। इनका ठीक उत्तर त्रिलोचन से पूछना चाहिए।

केदारनाथ अग्रवाल के बारे में केदारनाथ सिंह ने कवि में लिखा था कि वे गोला-बारुद के ही नहीं, सौंदर्य और कोमलता के भी कवि हैं। केदारनाथ अग्रवाल की कविताओं में आंतरिक रचाव-बसाव बहुत है। कविताएं निहायत अंतर्गठित होती हैं। वे क्रमश लंबी कविताएं कम लिखते गए हैं। हिंदी क्षेत्र के वामपंथी आंदोलन के वे श्रेष्ठ कवि हैं। एक हथौड़े वाला घर में और हुआ—श्रम सौंदर्य-बोध की उत्कृष्ट कविता है। हिंदी क्षेत्र के वामपंथी आंदोलन में जो ह्रास हुआ उसका सबसे ज्यादा नुकसान केदारनाथ अग्रवाल की काव्य-रचना को हुआ। उन्होंने 'समुद्र वह है' जैसी उत्कृष्ट कविताएं लिखीं। बृद्धा पत्नी पर लिखी गई सभी कविताएं मार्मिक नहीं हैं। किंतु सौंदर्य-बोध का एक नया मानवीय आयाम इन कविताओं से उद्‌घाटित होता है। नक्सलबाड़ी आंदोलन का कोई प्रभाव केदारनाथ अग्रवाल पर नहीं दिखलाई पड़ता। समकालीन अनेक कवि अपने को जो नागार्जुन से जोड़ते हैं केदारनाथ अग्रवाल से नहीं उसका कारण केदार का नक्सलबाड़ी से अछूता रह जाना प्रतीत होता है।

'विशिष्ट कवि' केदारनाथ सिंह उन दिनों यानी अपनी काव्य-यात्रा के प्रारम्भिक दौर में गीतों के लिए प्रसिद्ध थे। उनके गीतों में स्वतंत्र भारत के लोक उल्लास का राग सुनाई पड़ता था। बाद में स्वातंत्र्योत्तर भारत की यथार्थ-विषमता के कारण इस उल्लास-स्वर का मंद पड़ जाना स्वाभाविक था। केदानाथ सिंह में समकालीन कविता के गहरे सरोकार हैं। जीवन सौंदर्य के प्रति उनका लगाव आंतरिक है। किंतु पीड़ा के तीव्र दंश में प्रति-संसार रचने की अनिवार्यता वे नहीं झेलते। 'उठता हाहाकार जिधर है / उसी ओर अपना भी घर है।' जैसी निर्मम-करुणा पंक्तियां उन्होंने ज्यादा नहीं लिखी हैं।

नागार्जुन विशिष्ट कवि के रूप में कवि में नहीं हैं। पता नहीं क्यों? कोई विवशता रही होगी। कवि के इन विशिष्ट कवियों का परवर्ती हिंदी कविता पर सुस्पष्ट प्रभाव है। इसलिए कवि पत्रिका के इन अंकों का हिंदी कविता के विकास में ऐतिहासिक योगदान है। इन कवियों में डा. नामवर सिंह भी हैं विशिष्ट कवि के रूप में। वाक्य गठन के प्रति ऐसा सम्मान कम कवियों की भाषा में दिखलाई पड़ता है। उनकी कविताएं भी लोकगीतों से राग-अम्बित हैं किंतु विषमता उनकी लय को बेधती है। नामवर सिंह लोक लय को आधुनिकता की ओर मोड़ सकते थे, किंतु जो नहीं है उसका गम क्या।

विशिष्ट कवि : एक

कवि त्रिलोचन शास्त्री

विष्णुचंद्र शर्मा

काव्यमर्मज्ञ होने के लिए समाज का व्यापक अनुभव भी प्राप्त करना चाहिए, यह हम त्रिलोचन के काव्य से समझ सकते हैं। त्रिलोचन किसी प्रकार की संकीर्णता को काव्य सौंदर्य में बाधक मानते है। इसी कारण उनके काव्य में सम्यक दृष्टि है: अंतर्मुख शीलसाधना की, और बर्हिमुख लोकधर्म पालन की। 'तुलसीबाबा' की अवधी से उसने भाषा सीखी। और निराला की शक्ति उसकी आंखों में रही।

त्रिलोचन के कवि की ममता उदात्त है। जमाने में दम्भ, घृणा और द्वेष की कठोरता कवि को मिली। जहां व्यक्ति, समाज और राष्ट्र की घातें एक दूसरे को कमजोर बनाती है। और इस कमजोरी का फायदा उठाकर लोग विजयी होते हैं, व्यक्ति-व्यक्ति पर, समाज-समाज पर और राष्ट्र-राष्ट्र पर। सत्य ऐसे समय में असत्य का दास हो जाता है। अमंगल के हाथों मनुष्य की मंगल भावना क्षीण और शक्तिहीन होने लगती है। किंतु त्रिलोचन ऐसे संघर्ष में व्यापक मनुष्यता के हित की घोषणा करते हैं और मनुष्य की आशा और आस्था को मनोयोग से अपनी कविताओं में चित्रित करते हैं। युग विकास के संघर्ष में वह जीवन के साथ है। अपने अनुभव और काव्य-संस्कार से वह मनुष्य को आगे बढ़ाते हैं। इसी कारण वह कर्म मार्ग के संदेशवाहक हैं। वह यथार्थवादी परंपरा के समर्थ कवियों की तरह अनंत-सौंदर्य, अनंत-शक्ति और अखण्ड-शील की सर्वसाधारण के बीच रसमणी घोषणा करते हैं और जन समुदाय की मर्मानुभूति (Group-Experience) को वाणी देते हैं। इसके लिए त्रिलोचन ने आत्म-विश्लेषण और काव्य-परिशीलन किया।

'धरती' के प्रकाशन के बाद एक लम्बे अर्से तक सभी तरह के सॉनेट का अभ्यास करने के साथ ही उर्दू ग़ज़ल और रूबाई के माध्यम से त्रिलोचन ने भाषा पर अधिकार किया। और उसमें हिंदी की परंपरागत उपलब्धियों की शक्ति भरी। इसी शक्ति के सहारे त्रिलोचन ने छायावाद के बाद की कविता धारा का क्षेत्र विस्तृत किया और जीवन का कोई क्षेत्र कविता के लिये उपेक्षित नहीं है, यह सिद्ध किया। नए क्षेत्रों के प्रति मानसिक एकाग्रता के ही साथ कवि उसे सर्वसाधारण तक पहुंचाने के लिए उस विषय या क्षेत्र से अपना रागात्मक संबंध बनाये रखता है और काव्यगत सभी

शैलियों पर अभ्यास भी करता है। इसीलिए संसार की किसी भी शैली में किसी भी देश का कवि अपने भावों को अभिव्यक्त कर सकता है। त्रिलोचन ने छंद-लय (रिद्म) और विराम-चिह्नों से तथा गद्य-छंद से भाव और बुद्धि की जटिलताओं के खोलने में सफल प्रयोग किये हैं। काव्यगत उलझाव असमर्थ कवि का द्योतक है, यह हम त्रिलोचन के काव्य-प्रयोगों से समझ सकते है। डा. हजारी प्रसाद द्विवेदी के अनुसार "जो कविताएं हमारे दिल को नरम कर दें, हमें सोचने को मजबूर करें, समझने की आंखें दे, उन्हें हम कविता कह सकते हैं" और इस व्यापक उद्‌देश्य में हम यह कह सकते हैं कि त्रिलोचन एक समर्थ कवि है।

त्रिलोचन शास्त्री की चार कविताएं

और, थोड़ा और, आओ पास
मत कहो अपना कठिन इतिहास
मत सुनो अनुरोध, बस चुप रहो
कहेंगे सब कुछ तुम्हारे श्वास

दर्द !

दर्द कहां ठहरा
साँसों की गली में
देता रहा पहरा

जीवन के सागर का
तल सम नहीं है
कहीं कहीं छिछला है
कहीं कहीं गहरा

सागर ने छोड़ दिया जिसे
उस मरू का सिकता के सागर का,
हाहाकार कितना
मिटा सकेगा लहरा।

परदेसी के नाम पत्र

सोसती सर्व उपमा जोग बाबू रामदास को लिखा
गनेसदास का राम नाम वांचना। छोटे बड़े का सलाम
आसिरवाद जथा उचित पहुंचे। आगे
यहां कुसल है, तुम्हारी कुसल काली
जी से रात दिन मनाती हूं।

वह जो अमोला तुमने धरा था द्वार
पर, अब बड़ा हो गया है। खूब घनी
छाया है। भौरों की बहार है। सुकाल
ऐसा ही रहा तो फल अच्छे आएंगे।

और वह बछिया कोराती है। यहां
जो तुम होते। देखो कब ब्याती
है। रज्जो कहती है बछड़ा ही वह
ब्याएगी, मेरा कहना है बछिया ही वह
ब्याएगी; देखो क्या होता है। पांच
पांच रुपये की बाजी है। देखो कौन
जीतता है!

मन्नू बाबा की भैंस ब्याई है। कोई
दस दिन हुए। इनरी भिजवाते हैं।
तुमको समझते हैं यहीं हो। हाल चाल
पुछवाते रहते हैं।

तुम्हें गांव की क्या कभी याद नहीं आती है
आती तो आ जाते
मुझको विश्वास है।
थोड़ा लिखा समझना बहुत
समझदार के लिए इशारा ही काफी है
ज्यादा शुभ।

प्रिय गान नहीं गा सका तो....

यदि मैं तुम्हारे प्रिय गान नहीं गा सका तो
मुझे तुम एक दिन छोड़ चले जाओगे

एक बात जानता हूँ मैं कि तुम आदमी हो
जैसा हूं मैं जो कुछ हूँ तुम वैसे वही हो

अन्तर है भी तो बड़ी एकता है
मन यह वह दोनों देखता है
भूख-प्यास से जो कभी कहीं कष्ट पाओगे
तो अपने से आदमी को ढूंढ सुना आओगे
प्यार का प्रवाह जब किसी दिन आता है
आदमी समूह में अकेले अकुलाता है
किसी को रहस्य सौंप देता है
उसका रहस्य आप लेता है
ऐसे क्षण प्यार की ही चर्चा करोगे और
अर्चा करोगे और सुनोगे सुनाओगे

विघ्न से विरोध से कदापि नहीं भागोगे
विजय के लिए सुख-सेज तुम त्यागोगे
क्योंकि नाड़ियों में वही रक्त है
जो सदैव जीवनानुरक्त है

तुमको जिजीविषा उठाएगी, चलाएगी,
बढ़ाएगी उसी का गुण-गाओगे गवाओगे

पुनश्च : कविता त्रिलोचन की

मंछा बाबा

चारों दिशाएँ खुली हैं
बादलों के टुकड़े एकाध
आकाश की नीलिमा को
ढकने में ढक नहीं पाते हैं
हवा उन्हें तितर बितर करती है—
पहले मंछा बाबा की शाखा प्रशाखाएँ
पूरब, पच्छिम, उत्तर, दक्खिन तक सभी ओर
फैली थीं, जैसे हवा इन हाथों को हिला हिला कर
अपने पास बुला रही हो।

और अब
मंछा बाबा नहीं हैं
लँगड़ी बाँधी आई थी
मंछा बाबा जड़ से उखड़ गए
बाबा का अंग अंग लोग काट ले गए
खाली भूमि खेत है।

ग्राम देवता का अंत हो गया
वहाँ अब बरातें नहीं टिकतीं
पूजा-पाठ भी नहीं होते।
और कड़ाहियाँ भी नहीं चढ़तीं।

23-9-2002

(जीने की कला से)

विशिष्ट कवि दो

केदारनाथ अग्रवाल

केदारनाथ सिंह

समकालीन हिंदी कविता के विकास में केदारनाथ अग्रवाल का नाम एक विशिष्ट दिशा की ओर संकेत करता है। आधुनिक हिंदी कविता के पाठक उनके कृतित्व से अच्छी तरह परिचित हैं। फिर भी यह परिचयात्मक टिप्पणी क्यों? इसके उत्तर में मैं यही कह सकता हूं कि अब तक केदार के काव्य को जिस 'विशेष' दृष्टि से देखा जाता रहा है वह बहुत अंशों तक अपूर्ण और गलत रही है। सामान्य पाठक के निकट वे प्रगतिवाद के प्रवक्ता के रूप में और तथाकथित प्रगतिशील आलोचकों की नजर में वे फौलाद की जबान रखने वाले गोला-बारूद के कवि के रूप में आते रहे हैं। मैं कवि के इस पक्ष को नितांत सामयिक, अतः कम महत्वपूर्ण मानता हूं। मेरे लिये कवि का यह पक्ष ज्यादा महत्वपूर्ण है जिसमें वह एक 'सम्पूर्ण मानव' की तरह अपने तथा अपने आसपास के लोगों के सुख-दुखों की मार्मिक अनुभूति को एक ऐसे कलात्मक ढंग से हमारे सामने उपस्थित करता है, मानो उस प्रकार की अनुभूति का वह प्रथम 'द्रष्टा' हो। इस प्रकार की रचनाओं में वह शक्ति होती है जो हमारी विच्छिन्न मानवीय इकाई को एक समानांतर जीवित संवेदनशील व्यक्तित्व से सम्पृक्त कर देती है और हमारे सुख को पहले से अधिक 'सुखमय' तथा दुख को पहले से अधिक 'दुखमय' बना जाती है। काव्य का सर्वोत्तम उद्देश्य एक मानव हृदय की धड़कन को दूसरे मानव हृदय की धड़कन के समीप ला देना—इसी प्रकार की रचनाओं से सिद्ध होता है।

युग और इतिहास के दबाव का जितना गहरा असर केदार की कविताओं पर है उतना किसी भी एक कवि की रचनाओं में नहीं पाया जा सकता है। इससे कवि की रचना को जहां एक ओर शक्ति मिली है, वहां दूसरी ओर वह इतिहास की क्षिप्र दानवी गति के साथ कुछ दूर तक टूटती और बिखरती भी चली गई है। पर केदार ने उसे बराबर समेटने की कोशिश की है और यही उनकी ताजगी और अछूतेपन का रहस्य है जिसके अभाव में उनके कई समकालीन कवि धीरे धीरे अपना प्रभाव खोते जा रहे हैं। केदार के साथ ही उसके दूसरे सहधर्मी कवि नागार्जुन का ध्यान अनायास हो आता है। नागार्जुन भी अपने सामयिक व्यंग्य-विद्रूप के बावजूद उतने ही नये हैं जितने केदार। पर दोनों के व्यक्तित्व में एक मौलिक अंतर है।

नागार्जुन की अपेक्षा अधिक 'माडर्न' हैं और इसीलिए उनकी ताज़गी आधुनिक जीवन की ताज़गी है। इसके विपरीत नागार्जुन की नवीनता परंपरा के परिष्कार और परिमार्जन से प्राप्त है। इस अर्थ में ये दोनों कवि एक दूसरे के पूरक हैं। मेरी इस स्थापना के प्रमाण के रूप में इन दोनों कवियों की वे कवितायें ली जा सकती हैं जो एक दूसरे को संबोधित करके लिखी गई हैं।

केदार की सर्वोत्तम कवितायें वे हैं जिनमें कवि ने नए नए बिम्बों के माध्यम से अपनी बात कहने की चेष्टा की है। बिम्ब-विधान शैली की कुछ सीमायें होती हैं जिंनसे दो प्रकार के खतरे पैदा होते हैं—पहला, कहीं ऐसा न हो कि बिम्बों के अंतराल में कवि का कथ्य इतना सूक्ष्म होकर बैठ जाय कि पाठक को 'प्रसाद' जी की तरह कहना पड़े—'तुम कनक-किरन के अंतराल में लुक छिपकर चलते हो क्यों!' और दूसरा यह कि कहीं वह एक विशेष प्रकार की सूत्र-शैली का अभ्यस्त न हो जाय जो बाद में चलकर कवि की अधिक गम्भीर और वृहत्तर अनुभूतियों की प्रेषणीयता में बाधक होती है। केदार के गहन-क्षणों के तप्त-श्वास-गंधी-चित्र इन ख़तरों से मुक्त हैं। उनके द्वारा आविष्कृत बिम्बों की भास्वरता जहां हमें चमत्कृत करती है वहीं उनकी गूढ़ अकृत्रिम केंद्रीभूत संवेदना हमारी सौंदर्य चेतना के गहनतम स्तरों को छू भी जाती हैं।

संक्षेप में केदारनाथ अग्रवाल का काव्य-विकास नई हिन्दी कविता के क्रमिक विकास की भी सूचना दे देता है। उनके उच्छल विध्वंस-गायन से लेकर बिल्कुल नये सहज आत्मीय लघुभावना खंडों के अंकन तक नई हिन्दी कविता के दो छोर पूरे हो जाते हैं। कवि की प्रस्तुत कवितायें उसकी नवीनतम प्रवृत्ति की सूचना देती है जिनमें एक प्रौढ़ कलाकार की प्रयोग कुशल तूलिका के स्पर्श के साथ साथ व्यक्तिमन के विभिन्न 'मूड्स' और विविध स्तरों का आकलन भी है।

दूसरी बार आलोचना

केदारनाथ अग्रवाल

केदारनाथ सिंह

केदारनाथ अग्रवाल पर बहुत छोटी सी टिप्पणी मैंने 'कवि' के संपादक के आग्रह पर लिखी थी। उस समय मैं छात्र था और केदारनाथ अग्रवाल प्रगतिशील कविता की बहुचर्चित त्रयी (नागार्जुन, केदारनाथ अग्रवाल और शैलेन्द्र) के अन्यतम कवि थे। अतः एक छात्र के लिए उन पर टिप्पणी करना थोड़ी दुस्साहस की बात भी थी। मैं स्वीकार करूं कि उस समय तक मेरे मन में उनके काव्य विकास की कोई स्पष्ट तस्वीर नहीं थी, बल्कि उसके बरक्स एक बड़े प्रगतिशील रचनाकार का हल्का-सा आतंक था। मैंने जो कुछ लिखा था वह उसी के तहत लिखा था और मुझे ये

कहने में कोई संकोच नहीं कि उनकी कविता के मर्म तक पहुंचने का कोई रास्ता तलाश नहीं पाया था।

यह प्रगतिशील कविता का वह दौर था जब मार्क्सवाद के प्रति दृढ़ आग्रह भरा आवेश अधिक था जिसे उस काल की प्रगतिशील कविता में अनेक रूपों में देशा जा सकता था। इस उग्र क्रांतिकारी दौर की अनेक कविताएं खासी चर्चित थीं जिनमें केदारनाथ अग्रवाल की कई कविताओं का जिक्र बार-बार आता था। जैसे–'एक हथौड़ा वाला घर में और हुआ' या ऐसी ही कुछ अन्य कविताएं। यह उस कवि की कविताएं थीं जिसने 'नींद के बादल' के साथ हिंदी कविता में प्रवेश किया था। नींद से जागरण तक का यह दौर कई अर्थों में महत्वपूर्ण है, पर मुझे बराबर लगता है कि केदारनाथ अग्रवाल का परवर्ती विकास कुछ इस तरह हुआ कि उसमें उनकी आरंभिक रूमानियत अधिक प्रगाढ़ और ऐंद्रिक होकर लगातार नए रूपाकार में ढलती गयी। कहें तो कह सकते हैं कि उनकी कविताओं का विकास उस दिशा में हुआ जिसे गोर्की Revolutionary Romanticism (क्रांतिकारी स्वच्छंतावाद) कहते थे। पर बड़ी बात यह है कि एक विलक्षण कौशल के साथ केदारनाथ अग्रवाल ने रोमान और यथार्थ के बीच एक अद्भुत संतुलन बनाए रखा और कुछ इस तरह कि सामाजिक लक्ष्य कभी दृश्य से ओझल न होने पाए। यह एक कठिन कलात्मक संघर्ष था जिसमें कवि काफी हद तक सफल हुआ। यह एक ऐसी जमीन है जिसपर केदारनाथ अग्रवाल अकेले खड़े हैं।

'फूल नहीं रंग बोलते हैं' संचयन में जब उनकी नयी पुरानी कविताओं का क्रमिक विकास सामने आया तो इस कवि को समझने के लिए नया आधार मिला। यह संचयन उनकी काव्यात्मक उपलब्धि का अनूठा उदाहरण है। खास तौर से छोटी कविताओं का जो एक अपना अलग ही सांचा इस कवि ने गढ़ा वह उनकी बहुत बड़ी देन है। उनकी एक बड़ी विशेषता यह है कि उन्होंने अपने भावबोध के अनुरूप एक अलग भाषा का निर्माण किया जिसमें बुंदेलखंड की मिट्टी और केन नदी के जल का अद्भुत मिला-जुला योग है। ये भाषा वृक्ष की जड़ों की तरह अपनी ज़मीन में गहरी धंसी हुयी भाषा है। इसके अनेक उदाहरण उनके यहां देखे जा सकते हैं।

'फूल नहीं रंग बोलते हैं' के 'कुछ लिखी-अधलिखी' कविताओं वाला जो खंड है वह मुझे कई दृष्टियों से अत्यंत महत्वपूर्ण लगता है। इन लिखी-अधलिखी कविताओं में मुझे इस कवि की काव्य विकास का सर्वोच्च उत्कर्ष दिखायी पड़ता है। यही नहीं बल्कि यहां इन अलग-अलग टुकड़ों में बंटी हुई कविताओं को एक कलात्मक इकाई के रूप में देखें तो यह सारा उपक्रम शैली की दृष्टि से एक नए आविष्कार की तरह लगता है। इसी खंड में शमशेर पर लिखी हुयी कुछ पंक्तियां हैं–

> "शमशेर–मेरा दोस्त ! / चलता चला जा रहा है अकेला / कंधे पर लिए नदी / मूंड़ पर धरे नाव !"

मैं नहीं जानता कि 'मूंड़' शब्द का ऐसा प्रयोग आधुनिक कविता में कहीं और हुआ है या नहीं। यह केदारनाथ अग्रवाल की भाषा का अपना ही तेवर है पर मुझे लगता है कि नीचे की दो पंक्तियां यानी 'कंधे पर नदी' और 'मूंड़ पर नाव' का बिंब शमशेर से कहीं ज्यादा जन और प्रकृति से गहरा प्यार करने वाले इन बुंदेली कवि पर सटीक बैठती है।

केदारनाथ सिंह

5-3-2005

केदारनाथ अग्रवाल की सात कविताएं

दिया जलाता हूं
एक

मैंने तो आग का अंगार कभी छुआ नहीं।
सूरज को भूलकर हथेली पर लिया नहीं।।
लेकिन मैं रोज दिया आग से जलाता हूं।
क्योंकि मैं मनुष्य हूं, प्रकाश का विधाता हूं।।

फूल और फल
दो

1

बेले के फूल नहीं भेंट में मुझे मिले
यद्यपि वह रूप-राग-गंध को लिये खिले
अन्य को मिले
किन्तु कंठहार में नहीं गुंथे मिले

2

बाहों के कूल नहीं केलि में मुझे मिले
यद्यपि वह केलि से किलोल से भरे हिले
अन्य को मिले
किन्तु एक बार भी न केलि में मुझे मिले

11-9-56

रूप और प्रेम

तीन

रूप दो कि रूप की सुरा पिऊं
रूप में रमा मदांध मैं जिऊं
ज्ञान में नहीं रहूं
न शोक में रहूं,
ज्ञान-शोक-शून्य
प्रेम-लोक में रहूं
प्रेम दो कि प्रेम की सुरा पिऊं
प्रेम में पगा प्रमत्त मैं जिऊं

21-8-56

शांति-भंग का भय

चार

घोड़े को घास और दाने से यारी है।
मंजिल तक जाने में कष्ट उसे भारी है।।
चलने को अफसर-सा मंद-मंद चलता है।
क्योंकि उसे शांतिभंग करना अब खलता है।।

पेड़

पांच

मरकत-पातों की श्यामलता को सरसाये,
सूर्यातप में पेड़ खड़े छवि-क्षीर नहाये।
प्यारे लगते हैं मुझको मेरे भ्राता-से,
नाता जोड़े हैं मेरी धरती माता से।।

हम लहरें हैं

छह

हम उन लहरों के समान हैं जो आती हैं
गोल बांधकर नाच-नाच कर जो गाती हैं
गीतों की नव-नव ध्वनियों-सी लहराती हैं
सावन के झूले की पेंगें हो जाती हैं
मूंगे-मोती अपने संग में जो लाती हैं
तट को देकर जो तट पर ही सो जाती हैं
सो जाती हैं लेकिन तट को धो जाती हैं
कोई जीत नहीं पाता है खो जाती हैं

हम दीपक हैं

सात

हम लघु दीपों के समान ही जले ज्योति ले
और ज्योति से ज्योति मिलाकर रहे जागते
क्षण-क्षण के संशय-संभ्रम जो मिले सामने
पराभूत हो वे सब हमसे रहे भागते
अमानिशा के अंधकार के अंतराल में
हम सुषमा के सस्मित सपने रहे पालते
बुझने के पहले-प्रयाण करने से पहले
शुभागमन हम सूर्योदय का रहे साजते

20-12-56

पुनश्च : केदारनाथ अग्रवाल की कविता

धूप

धूप चमकती है चाँदी की साड़ी पहने
मैके से आयी बेटी की तरह मगन है

फूली सरसों की छाती से लिपट गयी है
जैसे दो हमजोली सखियां गले मिली हैं
भैया की बाहों से छूटी भौजाई-सी
लहंगे को लहराती लचती हवा चली है
सारंगी बजती है खेतों की गोदी में
दल-के-दल पक्षी उड़ते हैं मीठे स्वर के
अनावरण यह प्राकृत छवि की अमर भारती
रंग-बिरंगी पंखुरियों की खोल चेतना
सौरभ से मँह-मँह महकाती है दिगन्त को
मानव मन को भर देती है दिव्य दीप्ति से
शिव के नन्दी-सा नदिया में पानी पीता
निर्मल नभ अवनी के ऊपर बिसुध खड़ा है
काल काग की तरह ठूँठ पर गुमसुम बैठा
खोयी आँखों देख रहा है दिवास्वप्न को।

विशिष्ट कवि तीन

गजानन माधव मुक्तिबोध

नामवर सिंह

मुक्तिबोध, नई कविता के पाठकों के बीच, पूर्वपरिचित तो हैं लेकिन लोकप्रिय नहीं हैं; क्योंकि उनकी कविताएं अक्सर लंबी होती हैं, उलझी दिखाई पड़ती हैं और बौद्धिक लगती हैं। इधर पाठक हैं कि उन्हें कविता के साथ माथापची करने का अभ्यास नहीं है। लिहाज़ा, नये कवियों में लोकप्रिय प्रायः वहीं हैं जो छोटी कविताएं लिखते हैं और वह भी ऐसी कविताएं जिनमें दो चार ताज़ा चित्र हों या एक तीव्र भावना हो! 'केसर रंग रंगे वन' और 'नवंबर की गुनगुनी धूप' इन्द्रियों को तुरत प्रभावित करती है; और ऐसी कविताएं बहुत सफल समझी जाती हैं। निःसन्देह इस दिशा में प्रयोग करने वालों को सफलता जल्दी मिलती है और देखते-देखते अनेक नये कवि लोकप्रिय हो उठे हैं।

बात यह है कि ऐसे युग में जहां मान्यताएं विवादग्रस्त और अनिश्चित हों ऐंद्रिय विषय ही निश्चित हैं और इन्हीं का यथातथ चित्रण संभव भी है। यही वजह है कि आज के अधिकांश किशोर तथा किशोर-मति कवि प्राकृतिक चित्रों की खोज में विकल हैं। झंझटों से बच निकलने का यह आसान तरीका है। समाज से कम झंझट प्रकृति में है और प्रकृति में भी इन्द्रियग्राह्य प्रभावों के चित्रण में सबसे कम झंझट है।

मुक्तिबोध उन कवियों में से हैं जिन्होंने सफलता का यह सरल पथ छोड़कर इस युग की उलझनों में जानबूझ कर अपने को डाला है। उन्होंने एक मुश्किल काम अपने हाथ में लिया है। उनकी कविताओं का केंद्रीय विषय हैः आज के व्यक्ति मन का अंतर्द्वन्द्व। सामाजिक अंतर्द्वन्द्व की जो छाया व्यक्ति के जागरूक मन में प्रतिबिंबित हो रही है, उसी के मार्मिक चित्रण का प्रयास मुक्तिबोध ने बार-बार किया है। इस तरह मुक्तिबोध आत्मविश्लेषण के माध्यम से इस युग के सामाजिक संघर्ष को समझना चाहते हैं। उनकी कविता में इसी आत्मसंघर्ष से छिटकी हुई चिनगारियों की चित्र-शृंखला मिलती है।

अंग्रेज कवि डबलु.वी. येट्स ने कहीं लिखा है कि जब हम अपने से बाहर संघर्ष करते हैं तो कथा-साहित्य की सृष्टि होती है और अपने-आप से लड़ते हैं तो गीतकाव्य की। अपने आप से लड़ने पर जो गीतकाव्य पैदा होता है, वह निःसंदेह छायावादी

गीत नहीं बल्कि आज की कविता का गीत है। लेकिन एक तीसरी भी स्थिति होती है जब हम अपने आप से लड़ते हुए बाहरी स्थिति से भी लड़ने की कोशिश करते हैं और एक विशेष प्रकार की 'लंबी कविताएं' पैदा होती हैं जो आधुनिक कविता की सबसे बड़ी उपलब्धि है। निराला की 'राम की शक्ति पूजा', 'सरोज स्मृति' आदि लंबी कविताएं इसी प्रकार के संघर्ष से उत्पन्न हुई है। मुक्तिबोध की लंबी कविताएं उसी परंपरा में आती हैं।

इस प्रकार का संघर्षशील कवि अनिवार्यतः भावुकता से कुछ दूर निकल जाता है; उसमें संभवतः निःसंगता सी है; उन्मथित भाव विचार की सीमाएं छूने लगते हैं; अनेक छोटी-छोटी भावनाएं कार्य-कारण परंपरा में गूंथ कर शृंखलाबद्ध हो उठती हैं जिनकी अभिव्यक्ति के लिए विशेष प्रकार के 'बौद्धिक' व्यापार की आवश्यकता पड़ती है। आलोचकों ने सामान्यतः ऐसी कविताओं को बौद्धिक कहा है जो निश्चय ही अचिन्तित प्रयोग हैं। अचिन्तित इसलिए की जो लोग आज नये कवियों को 'बौद्धिक' कह रहे हैं, वही एक समय छायावादी निराला को भी बौद्धिक कहते थे। तीव्र संवेदनाओं के कवि निराला को जो बौद्धिक कहे, कम से कम उस आलोचक को तो हम बौद्धिक नहीं कह सकते!

यहां इलियट का यह विचार युक्ति संगत प्रतीत होता है कि 'बौद्धिक' और 'चिन्तक' कवि में अंतर करना चाहिए। निराला की तरह ही मुक्तिबोध भी 'चिन्तक' कवि है; 'बौद्धिक' कवि के उदाहरण नये कवियों में प्रभाकर माचवे हैं। प्रसंगात् यहां यह संकेत कर देना आवश्यक प्रतीत होता है कि भावुकता वाले कवि ज्यों ही गंभीर होने का प्रयत्न करते हैं, चिन्तक न होकर प्रायः 'बौद्धिक' ही हो पाते हैं। छायावादी कवियों में आगे चलकर पंत जी और प्रयोगशील कवियों में गिरिजा कुमार माथुर तथा भारती वगैरह की तथाकथित गंभीर कविताओं में इस बौद्धिकता के दर्शन हो सकते हैं।

संक्षेप में यहां मुक्तिबोध की केवल रचना-प्रक्रिया का विश्लेषण किया गया है जिससे उनकी उपलब्धियों पर विचार करने के लिए उचित मानदंड का निर्माण हो सके। उनकी उपलब्धियों पर विचार करने की यह जगह नहीं है। संकेत स्वरूप मैं केवल यही कह सकता हूं कि मुक्तिबोध उन कवियों में से है जो अपने युग के सफल कवि नहीं बल्कि सार्थक कवि कहलाने योग्य होते हैं और कभी-कभी सार्थकता सफलता से श्रेयस्कर होती है।

गजानन माधव मुक्तिबोध की 'कविता'[1]

शहर के उस ओर खँडहर की तरफ़ (1
परित्यक्त सूनी बावड़ी
के भीतरी
ठण्डे अंधेरे में,
बसी गहराइयां जल की।
सीढ़ियां डूबी अनेकों उस पुराने घिरे पानी में—
—समझ में आ न सकता हो
कि जैसे बात का आधार
लेकिन बात गहरी हो!

बावड़ी को घेर
डालें खूब उलझी हैं,
खड़े हैं मौन औदुम्बर,
व शाखों पर
लटकते घुघ्घुओं के घोंसले
परित्यक्त भूरे गोल,
विगत शत पुण्य का आभास
जंगली हरी कच्ची गंध में बस कर
हवामें तैर
बनता है गहन सन्देह
अनजानी किसी बीती हुई उस श्रेष्ठता का जो कि
दिल में एक खटके-सी लगी रहती।

बाबड़ी की इन मुंडेरों पर (2
मनोहर हरी कुहनी टेक
बैठी है टगर
ले पुष्प-तारे श्वेत।

उसके पास

---

1. यह मूल कविता है।

लाल फूलों का लहकता झौंर
मेरी.....वह.....कन्हेर
एक ख़तरे की तरफ़
मुझको बुलाती है
......खतरे की तरफ.....जिस ओर
अँधियारा–खुला मुँह बाबड़ी का
शून्य अम्बर ताकता है।

बावड़ी की उन घनी गहराइयों में श्याम,
ब्रह्मराक्षस एक पैठा है
व भीतर से उमड़ती गूंज की भी गूंज,
बड़बड़ाहट–शब्द पागल-से।
गहन अनुमानिता
तन की मलिनता
दूर करने के लिए प्रतिपल
मलिन छाया दूर
करने के लिए दिनरात
स्वच्छ करने ब्रह्मराक्षस घिस रहा है देह।

हाथ के पंजे, बराबर (3
बांह, छाती, मुँह छपाछप
खूब करते साफ,
फिर भी मैल!
फिर भी मैल!!

और... होनें से
अनोखा स्तोत्र, कोई क्रुद्ध मंत्रोच्चार,
अथवा शुद्ध संस्कृत गालियों का ज्वार!
मस्तक की लकीरें
बुन रहीं
आलोचनाओं के चमकते तार
वह अखण्ड–स्नान...........

फिर भी क्षुब्ध अन्तर्दाह!!
प्राण में संवेदना है स्याह!

किंतु, गहरी बावड़ी
की भीतरी दीवार पर
तिरछी—गिरी रवि—रश्मि के
उड़ते हुए परमाणु जब
तल तक पहुंचते हैं कभी
तब ब्रह्मराक्षस समझता है सूर्य ने
झुक कर 'नमस्ते' कर दिया।
पथ भूलकर जब चांदनी
की किरन (4
टकराये कहीं दीवार पर,
तब ब्रह्मराक्षस समझता है
नत बन्दना की चांदनी ने
ज्ञान-गुरू माना उसे।

अति-प्रफुल्लित—कंटकित तन-मन वही
करता रहा अनुभव कि नभ ने भी
विनत हो मान ली है श्रेष्ठता उसकी!!

और......... तब................
दुगुने भयानक ओज से
पहचानवाला मन
सुमेरी-बैबीलोनी जन-कथाओं से
मधुर वैदिक ऋचाओं तक
व तब से आज तक के सूत्र
छन्दस्, मंत्र, थिओरम
नव प्रमेयों तक
कि मार्क्स—एंजेल्स, रसेल—टॉयनबी
व कीडेग्गर व स्पेंग्लर,

सार्त्र–गांधी भी–
सभी के सिद्ध अंतों का (5
नया व्याख्यान करता वह
छपाछप नहाता है
ब्रह्मराक्षस भव्य
प्राक्तन बावड़ी की उन घनी
गहराइयों में शून्य!

......ये गरजती, गूंजती, आन्दोलिता
गहराइयों से उठ रहीं ध्वनियां, अतः

उद्भ्रांत शब्दों के नए आवर्त में
हर शब्द निज प्रति-शब्द को भी काटता,
वह रूप अपने बिम्ब से ही जूझ
विकृताकार
बनता जा रहा
ध्वनि लड़ रही अपनी प्रतिध्वनि से यहाँ!

बावड़ी की इन मुंडेरों पर
मनोहर हरित कुहनी टेक सुनते हैं (6
टगर के पुण्य-तारे–श्वेत
वे ध्वनियां
सुनते हैं करौंदी के सुकोमल फूल
सुनता है उन्हें
प्राचीन औदुम्बर!!
सुन रहा हूं मैं वही–
पागल प्रतीकों में कही जाती हुई
वह ट्रेजिडी
जो बावड़ी में अड़ गई!

x x x

खूब ऊंचा एक ज़ीना साँवला
उसकी अँधेरी सीढ़ियाँ...

वे एक आभ्यंतर निराले लोक की।
एक चढ़ना औ' उतरना
पुनः चढ़ना औ' लुढ़कना
मोच पैरों में
व छाती पर अनेकों घाव–
बुरे–अच्छे–बीच के संघर्ष से भी उग्रतर
अच्छे व उससे अधिक अच्छे
बीच का संगर!
गहन किंचित् सफलता,
अति-भव्य असफलता!
...अतिरेकवादी पूर्णता की ये व्यथाएँ
बहुत प्यारी हैं...!
ज्यामितिक-संगति-गणित
की दृष्टि से कृत भव्य नैतिक मान,
आत्मचेतन सूक्ष्म नैतिक मान...
..... अतिरेकवादी पूर्णता की तुष्टि करना
कब रहा आसान।
मानवी अंतर्कथाएं बहुत प्यारी हैं!!

रवि निकलता
लाल चिंता की रुधिर-सरिता (7
प्रवाहित कर दिवारों पर,
व उदित होता चन्द्र
व्रण पर बांध देता
श्वेत-धौली पट्टियाँ
उद्विग्न भालों पर।
सितारे आसमानी छोर तक फैले हुए
अनगिन दशमलव–से।

दशमलव-बिंदुओं के सर्वतः पसरे हुए
उलझे गणित-मैदान में

मारा गया, वह काम आया,
और वह पसरा पड़ा है—
वक्ष बाहें, खुली—फैलीं
एक शोधक की। (8

व्यक्तित्व वह कोमल स्फटिक प्रासाद-सा,
प्रासाद में ज़ीना
व ज़ीने की अकेली सीढ़ियां
चढ़ना बहुत मुश्किल,
वे भाव-संगत, तर्क-संगत
कार्य—सामंजस्य-योजित
समीकरणों के गणित की सीढ़ियां
हम छोड़ दें उसके लिए।
उस शोध में
सब पंडितों, सब चिंतकों के पास
वह गुरु प्राप्त करने के लिए
भटका!!

किंतु, युग बदला (9
व आया कीर्ति-व्यवसायी।
...लाभ-संचित कोष में से धन,
व धन में हृदय-मन
और धन-अभिभूत
अंतःकरण में से सत्य की झाँई
निरंतर जगमगाती थी।

आत्म-चेतस् किंतु इस
व्यक्तित्व में थी प्राणमय
वह आंतरिक अनबन
व बाहर बे-बनाव।।
महत्ता के चरण में था विषादाकुल मन!

भव्य–असफलता–जनित विश्वास
निज के बदले तुच्छता की भँवर जहरीली!!
उस सन्त-वादी दैन्य के थे नेत्र वे पीले!!

यदि उन दिनों होता मिलन (10
मेरा उसी से तो व्यथा
उसकी स्वयं जीकर
बताता मैं उसे उसका स्वयं का मूल्य
उस की महत्ता
वह उस महत्ता का
हम-सरीखों के लिए उपयोग,
गंभीर उसका मान-मूल्य-प्रयोग

पिस गया वह आंतरिक
औ' बाहरी दो कठिन पाटों बीच,
ऐसी ट्रेजिडी है नीच

बावड़ी में वह यहाँ
पागल प्रतीकों में निरंतर कह रहा
वह कोठरी में किस तरह
अपना गणित करता रहा
औ' मर गया.....
वह किसी झाड़ी के कंटीले
तम-विवर में मरे पक्षी सा
बिदा ही हो गया।
वह ज्योति अनजानी सदा को खो गई।।

यह क्यों हुआ, (11
क्यों यह हुआ,
मैं ब्रह्मराक्षस का विनत-मन शिष्य
होना चाहता...

जिससे कि उसका वह अधूरा कार्य,
उसकी वेदना का स्रोत
उसका गणित
संगत, पूर्ण निष्कर्षों तलक
पहुंचा सकूँ!!

पुनश्च : मुक्तिबोध की कविता[1]

ब्रह्मराक्षस

शहर के उस ओर खँडहर की तरफ़
परित्यक्त सूनी बावड़ी
के भीतर
ठण्डे अंधेरे में,
बसी गहराइयां जल की।
सीढ़ियां डूबी अनेकों
उस पुराने घिरे पानी में—
समझ में आ न सकता हो
कि जैसे बात का आधार
लेकिन बात गहरी हो!

बावड़ी को घेर
डालें खूब उलझी हैं,
खड़े हैं मौन औदुम्बर,
व शाखों पर
लटकते घुग्घुओं के घोंसले
परित्यक्त भूरे गोल।

विगत शत पुण्य का आभास
जंगली हरी कच्ची गंध में बस कर

---

1. मूल में 'कविता' शीर्षक था। दूसरी बार कवि ने शीर्षक दिया 'ब्रह्मराक्षस' और संपादन भी किया।

हवा में तैर
बनता है गहन सन्देह
अनजानी किसी बीती हुई उस श्रेष्ठता का जो कि
दिल में एक खटके-सी लगी रहती।

बाबड़ी की इन मुंडेरों पर
मनोहर हरी कुहनी टेक
बैठी है टगर
ले पुष्प-तारे श्वेत।

उस के पास
लाल फूलों का लहकता झौंर—
मेरी वह कन्हेर...
वह बुलाती एक खतरे की तरफ जिस ओर
अंधियारा खुला मुंह बाबड़ी का
शून्य अम्बर ताकता है।

बावड़ी की उन घनी गहराइयों में शून्य
ब्रह्मराक्षस एक पैठा है
व भीतर से उमड़ती गूंज की भी गूंज,
बड़बड़ाहट—शब्द पागल-से।
गहन अनुमानिता
तन की मलिनता
दूर करने के लिए प्रतिपल
पाप छाया दूर करने के लिए, दिनरात
स्वच्छ करने—
ब्रह्मराक्षस
घिस रहा है देह।
हाथ के पंजे, बराबर
बांह—छाती—मुंह छपाछप
खूब करते साफ,

फिर भी मैल!
फिर भी मैल!!

और... होठों से
अनोखा स्तोत्र, कोई क्रुद्ध मंत्रोच्चार,
अथवा शुद्ध संस्कृत गालियों का ज्वार!
मस्तक की लकीरें
बुन रहीं
आलोचनाओं के चमकते तार!!
उस अखण्ड–स्नान का पागल प्रवाह...
प्राण में संवेदना है स्याह!

किंतु, गहरी बावड़ी
की भीतरी दीवार पर
तिरछी–गिरी रवि–रश्मि
के उड़ते हुए परमाणु, जब
तल तक पहुंचते हैं कभी
तब ब्रह्मराक्षस समझता है, सूर्य ने
झुक कर 'नमस्ते' कर दिया।

पथ भूलकर जब चांदनी
की किरन टकराये
कहीं दीवार पर,
तब ब्रह्मराक्षस समझता है
वन्दना की चांदनी ने
ज्ञान-गुरू माना उसे।

अति-प्रफुल्लित–कंटकित तन-मन वही
करता रहा अनुभव कि नभ ने भी
विनत हो मान ली है श्रेष्ठता उसकी!!

और, तब दुगुने भयानक ओज से
पहचान वाला मन
सुमेरी-बैबीलोनी जन-कथाओं से
मधुर वैदिक ऋचाओं तक
व तब से आज तक के सूत्र
छन्दस्, मंत्र, थियोरम
सब प्रमेयों तक
कि मार्क्स, एंजेल्स, रसेल, टॉयनबी
कि हीडेग्गर व स्पेंग्लर, सार्त्र, गांधी भी
सभी के सिद्ध अन्तों का
नया व्याख्यान करता वह
नहाता ब्रह्मराक्षस, श्याम
प्राक्तन बावड़ी की
उन घनी गहराइयों में शून्य!

......ये गरजती, गूंजती, आन्दोलिता
गहराइयों से उठ रहीं ध्वनियां, अतः
उद्भ्रांत शब्दों के नए आवर्त में
हर शब्द निज प्रति-शब्द को भी काटता,
वह रूप अपने बिम्ब से ही जूझ
विकृताकार-कृति
है बन रहा
ध्वनि लड़ रही अपनी प्रतिध्वनि से यहां!

बावड़ी की इन मुंडेरों पर
मनोहर हरी कुहनी टेक सुनते हैं
टगर के पुष्प-तारे श्वेत
वे ध्वनियां !
सुनते हैं करौंदी के सुकोमल फूल
सुनता है उन्हें प्राचीन औदुम्बर!!
सुन रहा हूं मैं वही—

पागल प्रतीकों में कही जाती हुई
वह ट्रेजिडी
जो बावड़ी में अड़ गई!

x x x

खूब ऊंचा एक जीना सांवला
उसकी अंधेरी सीढ़ियां...
वे एक आभ्यंतर निराले लोक की।
एक चढ़ना औ' उतरना
पुनः चढ़ना औ' लुढ़कना
मोच पैरों में
व छाती पर अनेकों घाव—
बुरे—अच्छे—बीच के संघर्ष
से भी उग्रतर
अच्छे व उससे अधिक अच्छे बीच का संगर!
गहन किंचित् सफलता,
अति-भव्य असफलता!!
...अतिरेकवादी पूर्णता
की ये व्यथाएं बहुत प्यारी हैं...!
ज्यामितिक-संगति-गणित
की दृष्टि से कृत
भव्य नैतिक मान,
आत्मचेतन सूक्ष्म नैतिक मान...
..... अतिरेकवादी पूर्णता की तुष्टि करना
कब रहा आसान
मानवी अंतर्कथाएं बहुत प्यारी हैं!!

रवि निकलता
लाल चिंता की रुधिर-सरिता
प्रवाहित कर दिवारों पर,
उदित होता चन्द्र

व्रण पर बांध देता
श्वेत-धौली पट्टियां
उद्विग्न भालों पर।
सितारे आसमानी छोर तक फैले हुए
अनगिन दशमलव से।
दशमलव बिंदुओं के सर्वतः
पसरे हुए उलझे गणित-मैदान में
मारा गया, वह काम आया,
और वह पसरा पड़ा है—
वक्ष बाहें, खुली फैलीं
एक शोधक की।

व्यक्तित्व वह कोमल स्फटिक प्रासाद-सा,
प्रासाद में ज़ीना
व ज़ीने की अकेली सीढ़ियां
चढ़ना बहुत मुश्किल,
वे भाव-संगत, तर्क-संगत
कार्य सामंजस्य-योजित
समीकरणों के गणित की सीढ़ियां
हम छोड़ दें उस के लिए।
उस भाव-तर्क-व-कार्य-सामंजस्य-योजन-
शोध में
सब पंडितों, सब चिंतकों के पास
वह गुरु प्राप्त करने के लिए
भटका!!

किंतु, युग बदला व आया कीर्ति-व्यवसायी
...लाभकारी कार्य में से धन,
व धन में हृदय-मन,
और, धन-अभिभूत अन्तःकरण में से
सत्य की झांई

निरंतर चिलचिलाती थी।

आत्म-चेतस् किंतु इस
व्यक्तित्व में थी प्राणमय अनबन...
विश्वचेतस् बे-बनाव!!
महत्ता के चरण में था
विषादाकुल मन!
मेरा उसी से उन दिनों होता मिलन यदि
तो व्यथा उस की स्वयं जी कर
बताता मैं उसे उस का स्वयं का मूल्य
उस की महत्ता
वह उस महत्ता का
हम सरीखों के लिए उपयोग,
उस आंतरिकता का बताता मैं महत्त्व!!

पिस गया वह भीतरी
औ' बाहरी दो कठिन पाटों बीच,
ऐसी ट्रेजिडी है नीच!!

बावड़ी में वह स्वयं
पागल प्रतीकों में निरंतर कह रहा
वह कोठरी में किस तरह
अपना गणित करता रहा
औ' मर गया.....
वह किसी झाड़ी के कंटीले
तम-विवर में
मरे पक्षी सा
बिदा ही हो गया
वह ज्योति अनजानी सदा को सो गई।।
यह क्यों हुआ !
क्यों यह हुआ !!

मैं ब्रह्मराक्षस का सजल-उर शिष्य
होना चाहता...
जिससे कि उसका वह अधूरा कार्य,
उसकी वेदना का स्रोत
संगत, पूर्ण निष्कर्षों तलक
पहुंचा सकूं!!

नलिनविलोचन शर्मा

त्रिलोचन शास्त्री

नलिनविलोचन शर्मा का नाम प्रपद्यवाद के साथ संलग्न है। प्रपद्यवाद को नकेनवाद भी कहा जाता है। नकेन शब्द नलिनविलोचन शर्मा, केसरी कुमार और नरेश के नामों के आद्यक्षरों के योग से बना है। हम नकेनवाद की जगह प्रपद्यवाद को अच्छा समझते हैं क्योंकि इसमें प्रवृत्ति और कर्म का संकेत निहित है।

प्रयोगवाद और प्रपद्यवाद में क्या अंतर है। इस ओर केसरी कुमार और कुछ दूसरे लेखकों ने दृष्टिनिक्षेप किया है। प्रयोगवाद स्वच्छन्दवाद या रोमैंटिसिज्म की ओर झुका हुआ है जब कि प्रपद्यवाद में बौद्धिकता की विशेष प्रवृत्ति है। इन दोनों वादों के पहले भी इस प्रकार की प्रवृत्तियां रही हैं पर दोनों प्रवृत्तियों में जितना पार्थक्य आज है उतना पहले नहीं देखा गया।

प्रपद्यवाद के लक्षण कुछ प्रयोगवादियों में भी मिल जाते हैं इस प्रकार के प्रयोगवादी कवि बहुत कम हैं और जो हैं उनमें भी मुख्य प्रवृत्ति स्वच्छन्दतावाद की है। यही कारण है प्रयोगवाद का छायावाद से बीज-वृक्ष-न्याय संबंध बना रहता है। प्रपद्यवाद में विचार की प्रखरता या भावों का संकेत मिलता है। विचारों में सूत्र-तत्व ही रहता है, विस्तार नहीं। विस्तार को कविता में स्थान नहीं। इस कारण व्यंग्य प्रपद्यवाद का सर्वस्वीकृत माध्यम है। प्रपद्यवादियों का व्यंग्य दूसरे व्यंग्यकारों से इस बात में भिन्न है कि वे गाली-गलौज की जमीन पर नहीं उतरते। सामान्य जीवन को जैसा कुछ समझते हैं उसकी व्यंजना कुछ सांकेतिक पदों या वाक्यों से वे कर जाते हैं।

लय के प्रयोग में प्रपद्यवादी अधिक साहसी हैं। संभव है नलिन जी की इन कविताओं में लय-लीक के अभ्यासियों को लय न मिले पर इनमें लय है और वह विचार-प्रधान कविता के लिए आवश्यक गद्य-पद्य की मिश्र लय है। पंक्तियों का न्यास भी आशय के अंशों पर नाटकीय प्रभाव लाने के विचार से किया गया है। इन कविताओं में छन्द और अलंकार का ऐसा अनुयोग नहीं कि वक्तव्य उनकी चमक दमक में खो जाय।

'अली अकबर खां' अकेली ऐसी कविता है जो व्यंग्य-मुक्त कही जा सकती है। व्यक्ति और उसके कार्य का इस कविता में इतना सूक्ष्म संकेत है कि जो जानकार हैं वे ही इसका मर्म समझेंगे। जो अलीअकबर खां से अपरिचित होंगे वे भी इतना देख ही लेंगे कि यह किसी वाद्य-विशेषज्ञ के प्रति भावनिवेदन है। संगीत का माधुर्य

राग-रागनियों का ज्ञान बिना प्राप्त किये भी अनुभव किया जा सकता है।

पिकासो की चित्रकला को बेढंगी रेखाएं समझने वाले अनेक हैं। लेकिन समझदार तो अपनी 'दुर्वह ऊब' में बर्बाद किये कागज के हर टुकड़े पर मित्रों को पिकासो को याद करते पाकर अपने आपको अपराधी मान कर क्षमा-प्रार्थना करता है। अपनी नासमझी को समझ कहने वाले आधुनिक कविता को भी ऐसा ही समझते और समझाते हैं।

'अलि-विलासि-संलाप' में पुराने प्रतीकों के माध्यम से नई बात सामने रखी गयी है। 'अलि' और 'विलासी' अपनी भाषा में अपने भाव और रस को व्यक्त करते हैं। इस कविता को संलाप शीर्षक दिया गया है यद्यपि दोनों के कथन एक दूसरे से असंबद्ध और स्वतंत्र हैं। यह माना जा सकता है कि 'अलि' अपने सहचर से और 'विलासी' अपने साथी से इस प्रकार संलाप करते हैं। ''कलिका' अंत में दोनों पर एक ही बात कहती है, 'मूर्खो, मुझ पर दया दिखाते।'

'धारा-रेखन' और 'अणु बम' कालप्रवाह और राष्ट्रीय प्रवृत्ति पर व्यंग्य हैं। किसी काल-समष्टि का, चाहे वह लघु या वृहत हो, एक संस्थान और एक लक्ष्य नहीं होता। इसी कारण 'सत्तावन की हवा-गाड़ी' के लिए कहा गया है, 'दो चार वर्षों में दो मुंह होंगे या दो पूंछें, एक मुंह और एक पूंछ नहीं होगी, जैसा आज भी कुछ-कुछ रह गया है।' 'अणु-बम' उस प्रवृत्ति पर व्यंग्य है जिसके अनुसार लोग कहते हैं, हमारे यहां यह भी है। इस बात को और स्पष्ट करने के लिए चार पंक्ति की कविता पर 31 पंक्तियों की भूमिका है। यह भूमिका कविता को स्पष्ट करने के लिए आवश्यक है।

'सिद्धि' सिद्धों की सिद्धाई को उद्घाटित करती है, 'हम बगुला बगल झांकतें। वे हंस हो जाते हैं।'

इन कविताओं को हँस कर नहीं उड़ाया जा सकता। इनके भाव व्यंजना सबके बूते की चीज नहीं। शर्मा जी ने इनको नम्रतावश ही प्रारूप कहा है, हम इन्हें आधुनिक कविता का रूप कह सकते हैं।

नलिन विलोचन शर्मा की कविताएं

षट्-प्रपद्य-प्रारूप

(1) धारा-लेखन

सत्तावन की हवा गाड़ी
लक्ष्य तक पहुंच कर रह गई।
दो-चार वर्षों में
दो मुंह होंगे या दो पूंछ,
एक मुंह और एक पूँछ
नहीं होगी, जैसा आज भी
कुछ-कुछ रह गया है :
धारा रेखन ने मोटर को
यथार्थ हवा-ग़ाड़ी बना दिया है :
हिन्दी का शब्द ज्यादा ठीक है।

अणु-बम

[भूमिका :
अधुना हमारे पास
विशाल योजनाएं हैं—
शीतापंत्रित प्रशालाएं हैं,
जहां आविष्कारों के बदले
दर्शन और शायरी है,
भारतीय संस्कृति और बुशर्ट है,
अनन्त उपसमितियां हैं,
और पैसों को
पानी समझने का
निष्काम कर्म है
(अपवाद-आविष्कारों
का आविष्कार : चूल्हा।
हमारे महर्षियों के

विदेशी शिष्य होते हैं,
नहीं तो विचारे बाबा ही
रह जाते हैं। हमारी
नारियां सौंदर्य–
प्रतियोगिताओं में भाग
नहीं लेती हैं, भागती हैं।
हम विदेशी जासूसों
से अपने रहस्य
छिपा सकते या नहीं सकते
(हिन्दी में जासूसी उपन्यास ही नहीं),
लेकिन अपने भिक्षुओं
और वेश्याओं का
हम विदेशी अतिथियों
के सामने प्रदर्शन नहीं करते
(सामासिक संस्कृति के प्रतीक)।
हम निषेधों के कर्मकांड
की नई संस्कृति
बना रहे हैं।]
कविता :
अणु-बम से पहले का
अणु-भाष्य है।
स्फोट से बहुत पहले
स्फोटवाद था।

(3) सिद्धि

सिद्धों के भी कैंसर होता है
उनके दिलों की भी धड़कनें
बन्द होती हैं। हम बगुला
बगल झांकते। वे हंस
हो जाते हैं।

(4) अलि-विलासि-संलाप

कलिका में संदेहित पुष्प
ढूंढा। नहीं पाने पर
उसका प्राण-रस
पी लिया।   (अलि)

x x

मैंने कल्पित सुगंध
सूंघ कर उसे
बटन-छिद्रित किया।
अब परिमृदित पड़ी है।   (विलासी)

x x

कैसी अलौकिक यंत्रणा
पाई तुम दोनों से!
मूर्खों, मुझ पर दया दिखाते!
(कलिका)

(5) अली अकबर खां

सरोद पर तुमने था बजाया,
मैं समझा नहीं। मैंने देखा,
पीतल और लोहे से
तुमने मधु निचोड़ा :
सारा कड़वापन दूर हो गया,
मधु विंदुत होकर बंट गया।

(6) पिकासो की चित्रकला

जटिलतम चित्र-कला
सीख ली जा सकती है,

सिर्फ अभ्यास जरूरी है।
तुम्हारी बेढंगी रेखाओं को
सीखना क्या!
वे सीखी नहीं जाती।
(दुर्वह ऊब में बर्बाद किया
मेरा हर कागज का टुकड़ा
मित्रों को तुम्हारी याद दिलाता।
अत्रभवान्, अपराधी मुझे
क्षमा करना)।

विशिष्ट कवि : पांच

भवानी प्रसाद मिश्र

हजारीप्रसाद द्विवेदी

एक सहृदय मित्र ने पूछा कि 'तुम क्या जानते हो कवि भवानी मिश्र को, जिसकी सहज कविता हुआ करती असाधारण मगर पहले बहुत सामान्य दिखती है, जबाँ ऐसी कि हर कूचे गली के लोग भी समझें, अदा ऐसी कि भारी ठूंठ बौड़म रीझ जाएं और बातों बात में बातें निकल आएं फकीरों की, वली की, पीर-मुर्शिद की ?'—स्मरण आया कि हां, मैं जानता हूं एक फक्कड़ राम को जो नाम ऐसा ही बताता है, मगर वह सरल सुंदर आदमी है और ये कह रहे, 'कवि हैं'। अजब हैरान हूं क्या मस्त मौला लोग ही कवि कहे जाते हैं यहां पर?

सोचकर मैंने कहा, 'भाई, ज़रा हुलिया बताओ, वेश कैसा है, सकूनत क्या, कि पेशा क्या?' बताया, "है मझोला क़द, खदरिया एक धोती, एक कुर्ता, बस यही है वेश! सी पी का चमकता एक मोती है, कि फेरी में कटी है उम्र; रहता कभी वर्धा, कभी बांबे, कभी उत्तर, कभी दक्खिन, कभी पूरब, कभी पश्चिम, पैर में बांधे सनीचर; गा न सकता, रो न सकता, मगर कुछ-कुछ सिखा सकता, भटकतों को सही रस्ता दिखा सकता, और कुछ लिख लिखा सकता। यह गरम अफ़वाह है यह कवि प्रयोगी हो गया है, मगर मैं यह जानता हूं वह प्रयोगी हो नहीं सकता, कदाचित योग से विभ्रष्ट योगी है, वियोगी तो नहीं हर्गिज!"

मुझे बिल्कुल नहीं शक रह गया यह मिश्रजी हैं और कोई नहीं, बस मेरे पिछाने वे भुलक्कड़ राम ही हैं। याद आई सैंकड़ों बातें बुंदेले मिश्रजी की, बोल उनके हैं कि धरती से सटे ही सरकते हैं मगर कुछ जब छेड़ दो तो नाग से फुफकार उठते हैं, फणा का रूप देखे ही बने हैं! हवा में यों उड़ा करते थे कि जैसे बाज पंखे छोड़ उड़ता है मगर है देखता रहता, धरित्री को, झपटता फिर अचानक देखकर आखेट वाञ्छित, चला जाता है वहीं फिर आसमां में और पंखे खोल बहता है कि गोया कुछ हुआ ही नहीं।

—क्या वह आदमी कवि हो गया है!

याद आया आदमी वह शहर में प्रायः भटक जाता रहा, पाता न रास्ता खोज। शायद फिर विचारा भटक कर कविया गया है। हाय, वह भोला परेशानी भरा जाने कहां है,

पूछता फिरता कहां उनचास नंबर है, गली का नाम जो पूछो, मगज़ खुजला रहा है।

सच बताऊं मित्र, भोला मिश्र सुंदर गद्य है, चंचल मनोहर सरस, झंकृत गद्य ऐसा गद्य, जो है लोंचवाला, तर्ज़वाला, ज़रा कुछ झुक जाए तो उस मर्ज़वाला जिसे दुनिया छंद कहती है! विचारा, क्या अज़ब जो इस तरफ़ भी भटक जाए।

सच बताओ मित्र, क्या तुमने सुना वह इन दिनों किस ओर है? मैं जानता हूं वह विशुद्ध मनुष्य है उल्लासवाला, हासवाला, जरा कुछ झुक जाए तो विश्वास वाला जिसे हम 'उस्ताद' कहते हैं; विचारा, क्या अज़ब जो इस तरफ़ भी भटक जाए!

सच बताओ मित्र, क्या तुमने सुना वह इन दिनों है किस तरफ़? मैं जानता हूं सहज जन वह है हृदय के अतल से निस्सृत अकृत्रिम प्रेम वाला, शील-मृदुता सरलता से खचित मणिमय हेम वाला, ज़रा कुछ झुक जाय तो वह सरस योगक्षेम वाला जिसे दुनिया कवि कहा करती! विचारा, क्या अज़ब वह इस तरफ़ भी भटक जाए!

भवानीप्रसाद मिश्र की छह कविताएं

(1)

मैं झरने के इस उद्गम तक
धार धार आ गया,
मार्ग अगम था;
किंतु शक्ति पंजों, पांवों की,—
घुटनों छाती पेट चटानों
सब की कहिए।

उस इच्छा की सबसे ज्यादा
जिसने जिद की
और इन्हीं की नहीं
पहाड़ी से नीचे फैली बस्ती के
तार मंद्र अटपटे सुरों की भी ताकतवर-लहर
उठाती मुझको जैसे रही अजाने,
और कदाचित् उन्हीं स्वरों ने
थके ओंठ को
इतने जल्दी दिये तराने्

मैं अब झरने के उद्गम में
थके पांव डाले बैठा हूं
दूर क्षितिज तक नीचे ऊपर की
सारी दुनिया दिखती है,
हरियाली की जितनी हल्की गहरी किस्में
हो सकती हैं
बिछी पड़ी हैं मेरे आगे
कैसे जागे भाग
कि इच्छा मन में जागी
धार धार ऊपर चढ़ने की;
कभी न भूलूंगा ये घड़ियां
पंजों पांवों घुटनों छाती

पेट चटानों गीतों
सब के बल चढ़ने की

(2)

यह जान लूं
दे सकूंगा क्या, अगर कुछ दान लूं?
सांस चलती है मगर क्या बिन दिशा
नेह जलता है मगर क्या बिन निशा
नेह-निशि जीवन-दिशा पहचान लूं
दे सकूंगा क्या अगर कुछ दान लूं।
मैं महज मिट्टी हूं या गढ़ भी सकूंगा
एक सीढ़ी हूं कि मैं चढ़ भी सकूंगा
मुक्त स्वर क्यों गान का नुकसान लूं
यह जान लूं।

(3)

भीतर की तकलीफ सृजन की माता है
और बहुत भोगने वाला बड़ा विधाता है
इसलिए प्राण मेरे भोगो, फल निकलेगा
इन बड़ी बड़ी तकलीफों का हल निकलेगा,

(4)

मन की तरह शाम भी अपनी धुंधली है
दीपक सौ सौ भी जलें न होगा उजियारा
उनको मतलब ही क्या त्योहार मनाने से
जिनने अपने जीवन से प्यारे बच्चे को
रोटी मांगी तो मुंह पर थप्पड़ दे मारा।

(5)

वे सही नाचने वाले हैं
जो बिना किसी को धकियाये ही नांच सकें
वे सही बांचने वाले हैं
जो श्रम के बाद समय पायें और बांच सकें।

(6)

सत्य टूट कर एक रोज
धरती पर नभ से गिरा
नभ ने सोचा, भाग्य फिरा
धरती का लो!
अब यह होगा
अब वह होगा
नभ ही नहीं
अखिल खमण्डल ने
अंदाज लगाके
आपस में खुश खुश की!
किंतु सत्य जब उतरा धरती पर
तब क्या हालत थी उसकी!
जैसे किसी नदी के तट पर लगे वृक्ष का
पत्ता टूटे
और वृक्ष की दुनिया सोचे
अब बदलती है धारा की दिशा!
सत्य टूट कर नभ से आया
तो धरती की धारा में बह चला
और भी अनन्त सत्य भी उसको मिले
उसी तरह बहते हुए,
उसने सोचा सत्यों के सिलसिले
धरती के खिलवाड़ हैं, खेल हैं
नभ के सत्य के धरती की धारा से
उलझना नाहक है चुपचाप रहो

टूट के गिर ही पड़े हो
तो धारा की मरजी पर
मन मार कर बहो।

पुनश्च : भवानीप्रसाद मिश्र की कविता

मुझे अफसोस है

मुझे अफ़सोस है
या कहिए मुझे वह है
जिसे मैं अफसोस मानता रहा हूं।

क्योंकि ज्यादातर लोगों को
ऐसे में नहीं होता वह
जिसे मैं अफसोस मानता रहा हूँ

मेरा मन आज शाम को
शहर के बाहर जाकर
और बैठकर किसी

निर्जन टीले पर
देर तक शाम होना
देखते रहने का था

कारण वश और क्या कहूँ
सभा में जाने की विवशता को
मैं शाम को

शहर के बाहर
नहीं जा पाया
न चढ़ पाया

इसीलिए किसी टीले पर

देख नहीं सका
होती हुई शाम
और इसके कारण
जैसा लग रहा है मन को
उसे मैं अब तक
अफ़सोस ही कहता रहा हूँ
लोगों को
एक तो ऐसी
इच्छा ही नहीं होती
होती है तो
उसके पूरा न होने पर
उन्हें कुछ लगता नहीं है
या जो लगता है
उसे वे अफ़सोस
नहीं कहते
मैं आज विजन में
किसी टीले पर चढ़कर
देर तक
होती हुई शाम नहीं देख पाया
जाना पड़ा एक सभा में
इसका मुझे अफसोस है
या कहिए
मुझे वह है
जिसे मैं
अफसोस मानता रहा हूँ।

(*'मन एक मैली कमीज है'* से)

विशिष्ट कवि : छह

नामवर सिंह

त्रिलोचन शास्त्री

नामवरसिंह काल-विचार से ही नहीं अर्थ-विचार से भी आधुनिक कवि हैं। उनकी छोटी छोटी कविताएं ऐसी नहीं हैं कि एक नजर डालकर ही कोई कह दे कि इनमें जितना कुछ जानना था उसे जान लिया। कई बार पढ़ने पर इन कविताओं में गुम्फित भाव शब्दों और पदों के माध्यम से स्तर स्तर खुलते हैं।

नामवर सिंह के प्रकृति-चित्र दृष्टि की सीमा तक विशद और फैले हुए हैं। प्रकृति उनकी कविताओं में आलम्बन और उद्दीपन दोनों रूपों में आई है। सांध्यकाल में नौका विहार करते हुए गंगा में शत शत कम्पमान ज्योति लताएं, हरित फौवारों सरीखे धान, प्रभात काल के लघुबृत्त दीपालोक, नदी पार के पेड़ों पर उगे हुए मृगशिरा नक्षत्र, पारदर्शी नील जल में सिहरते शैवाल, स्वर-ताग में पल्लव-सरीखे पंछियों का सुभग बन्दनवार सूचीभेद्य घन के द्वार, शाम के सादे बदरफट घाम रात के भीतर उभरती रात सी परिचित अपरिचित जिसके तनों की फांक के उस पार चमकता है शशिधुला निःसीम कल्प खुला-खुला सा ताल, सवेग चलते हुए एक टहनी से फुदककर दूसरी फिर तीसरी पर उड़ रहा चंचल चिड़ी सा चांद; सब में नामवर सिंह दूसरे कवियों से अलग दिखाई देते हैं। वर्ण, गंध, शब्द, रूप इन सभी विषयों का सह-चित्रण करने में तथा जागरूक पाठक के हृदय में उसकी समानुभूति जगा देने की ओर वे अपनी कविताओं में विशेष ध्यान रखते हैं।

नामवरसिंह की वे कविताएं जिनमें युग्म-जीवन का आकर्षण आधार है, सामान्य पाठकों को इस कारण सबसे अधिक पसंद आती हैं कि उनकी स्वयं की अनुभूतियां उनसे अनुगुंजित होती हैं पर इस प्रकार की कविताओं का दृश्य, संविधान और भाव-संस्थान वैयक्तिक अधिक है। ये दृश्य प्रकृति के चुने हुए सौंदर्य स्थल हैं; निर्झर, नदी, वृक्ष, उपवन, संध्या अथवा ज्योत्सना-स्नात शर्वरी। युग्म-जीवन के परम्परित वर्णनों के साथ साथ कुछ नवीन जीवन की सहज उद्भावनाएं भी हैं। जहां वेणी का गूंथना-छोड़ना है वहीं हूं टूं भी है। ऐसी भी कविताएं हैं जिनमें कवि ने एकाकी हृदय का स्पंदन भी ध्वनित किया है। चाहे आसमान हो, चाहे नौकाविहार हो, चाहे पुरखों का डीह हो, चाहे अमलतास, चाहे किसी की अनेक या एक भावमुद्रा में अंकित एकांत

स्मृति; सर्वत्र एक ही भावधारा बहती है। नामवर सिंह ने ऐसी कविताएं भी लिखी हैं जिनमें आज के सामाजिक असंतोष और संघर्ष को व्यंजना दी गई है। ये कविताएं किसी बंधे बंधाए ढंग पर नहीं है, कहीं तो बच्चों की लड़ाई में सयानों का लड़ पड़ना है, कहीं पुत्र की बरसगांठ के अवसर पर कुछ दे न पाने की कचट है, कहीं अलाव के चारों ओर बैठे ग्रामीण जनों की देशकाल-समीक्षा है। ये कविताएं नामवरसिंह की प्रकृति और प्रेम संबंधी सफलतम कविताओं के स्तर की नहीं हैं, परंतु उनके कवि जीवन के विकास की सबसे अधिक संभावना इन्हीं कविताओं में लक्षित होती है।

नामवरसिंह ने पदावली और विषय-निर्वाह के अतिरिक्त अभी तक और कोई नवीनता नहीं दी है। सवैयों का मुक्तछंद जैसा लिखा जाना पहले भी देखा गया है, पर जो परिणति नामवरसिंह इस छंद को प्रदान करते हैं वे अन्यत्र नहीं है। घनाक्षरी छंद में भी उन्होंने इसी प्रकार सधे चरण रखे हैं। 'कोजागर' का अवलोकन करने से इसका परिचय मिलेगा। चतुष्पदियां और गीत भी उन्होंने लिखे हैं। 'उनये उनये भादरे' उनका बहुत ही सुंदर और प्रसन्न गीत है। नामवरसिंह ने सॉनेट भी लिखे हैं। उनके सॉनेट, भाषा और विषय को निखारकर उपस्थित करते हैं। अरुद्धचरणान्तवाक्य छंद के अनुशासन में मुक्ति की सशक्त व्यंजना किस प्रकार दिखलाते हैं, यह पढ़ने पर ही जाना जा सकता है।

नामवरसिंह की पुस्तक-पकी आंखें, प्रकृति और जीवन के अछूते दृश्यों का चित्र भी दिखा सकती है, यह उनका पाठक पहली ही नज़र में पहचान जाएगा। नामवरसिंह की भाषा में, सफ़ाई और निखार होते हुए भी जहां तहां छायावादी झलक है। क्लिष्ट-कल्पनाओं को भी उनकी कविताओं में देखा जा सकता है।

नामवर सिंह की आठ कविताएं

एक)

पारदर्शी नील जल में सिहरते शैवाल
चांद था, हम थे, हिला तुमने दिया भर ताल
क्या पता था, किंतु, प्यासे को मिलेंगे आज
दूर ओठों से, दृगों में संपुटित दो नाल।

दो)

विजन गिरिपथ पर चटखती पत्तियों का लास
हृदय में निर्जल नदी के पत्थरों का हास
'लौट आ, घर लौट' गेही की कहीं आवाज
भींगते से वस्त्र शायद छू गया वातास।

तीन)

धुंधुवाता अलाव, चौतरफा मोढ़ा मचिया
पड़े, गुड़गुड़ाते हुक्का कुछ खींच मिरजई
बाबा बोले लख अकासः 'अब मटर भी गई'
देखा सिर पर नीम फांक में से कचपचिया
डबडबा गई सी, कंपती पत्तियां टहनियां
लपटों की आभा में तरु की उभरी छाया।
पकते गुड़ की गरम गंध ले सहसा आया
मीठा झोंका। 'आह, हो गई कैसी दुनिया!
सिकमी पर दस गुना।' सुना फिर था वही गला
सबने गुपचुप गुना, किसी ने कुछ नहीं कहा।
चूं चूं बस कोल्हू की; लोहे से नहीं सहा
गया। चिलम फिर चढ़ी, 'खैर, यह पूस तो चला...'
पूरा वाक्य न हुआ कि आया खरतर झोंका
धधक उठा कौड़ा, पुआल में कुत्ता भोंका।

चार)

आज तुम्हारा जन्मदिवस, यूंही यह संध्या
भी चली गई, किंतु अभागा मैं न जा सका
समुख तुम्हारे और नदी तट भटका भटका
कभी देखता हाथ कभी लेखनी अबन्ध्या।
पार हाट, शायद मेला; रंग रंग गुब्बारे।
उठते लघु लघु हाथ, सीटियां; शिशु सजे धजे
मचल रहे... सोचूं कि अचानक दूर छः बजे।
पथ, इमली में भरा ब्योम, आ बैठे तारे
'सेवा-उपवन', पुस्पमित्र गंधवह आ लगा
मस्तक कंकड़ भरा किसी ने ज्यों हिला दिया।
हर सुंदर को देख सोचता क्यों मिला हिया
यदि उससे वंचित रह जाता तू...?
क्षमा मत करो वत्स, आ गया दिन ही ऐसा
आंख खोलती कलियां भी कहती हैं पैसा।

पांच)

मंह मंह बेल कचेलियां, माधव मास
सुरभि सुरभि से सुलग रही हर सांस
लुनित सिवान, संझाती, कुसुंम उजास
ससि-पाण्डुर क्षिति में घुलता आकास
फैलाये कर ज्यों वह तरु निष्पात
फैलाये बाहें ज्यों सरिता वात
फैल रहा यह मन जैसे अज्ञात
फैल रहे प्रिय, दिशि दिशि लघु लघु हाथ!

छह)

पंथ में सांझ
पहाड़ियां ऊपर

पीछे अंके झरने का पुकारना।
सीकरों की मेहराब की छांव में
छूटे हुए कुछ का ठुनकारना।
एक ही धार में डूबते
दो मनों का टकराकर
दीठ निवारना।
याद है: चूड़ी के टूक से चांद पै
तैरती आंख में आंख का ढारना?

सात)

कोजागर
दीठियों की डोर-खिंचा
(ऊगते से) इंदु का आकासदीप-दोल चढ़ा जा रहा।
गोरोचनी जोन्ह पिघली सी
बालुका का तट, आह, चन्द्रकान्तमणि सा पसीज-सा रहा।
साथ हम
नख से विलेखते अदेखते से
मौन अलगाव के प्रथम का बढ़ा आ रहा।
अरथ-उदास लोचनों में नदी का उजास
टूटता, अकास में, कपास-मेघ जा रहा।
नीर हटता सा
क्लिन्न तीर फटता सा गिरा
किंतु मूढ़ हियरा, तुझे क्या हुआ जा रहा।

आठ)

उनये उनये भादरे
बरखा की जल चादरें
फूल दीप से जले
कि झुरती पुरवैसा सी याद रे
मन कूयें के कोहरे सा रवि डूबे के बाद रे।
भादरे।

उठे बगूले घास में
चढ़ता रंग बतास में
हरी हो रही धूप
नशे सी चढ़ती झुके अकास में
तिरती हैं परछाइयां सीने के भींगे चास में।
घास में।

पुनश्च : नामवर सिंह की दो कविताएं

एक

बुरा जमाना, बुरा जमाना, बुरा जमाना
लेकिन मुझे जमाने से कुछ भी तो शिकवा
नहीं, नहीं है दुख कि क्यों हुआ मेरा आना
ऐसे युग में जिसमें ऐसी ही बही हवा
गंध हो गई मानव की मानव को दुस्सह।
शिकवा मुझको है जरूर लेकिन वह तुमसे—
तुमसे जो मनुष्य होकर भी यों गुम-सुम से
पड़े कोसते हो बस अपने युग को रह-रह
कोसेगा तुमको अतीत, कोसेगा भावी
वर्तमान के मेधा ! बड़े भाग से तुमको
मानव जय का अंतिम युद्ध मिला है, चमको
ओ सहस्र जन-पद-निर्मित चिर पथ के दावी!
तोड़ अद्रि का वक्ष शुद्र तृण ने ललकारा
बद्ध गर्भ के अर्भक ने है तुम्हें पुकारा।

●●●

दो

दोस्त, देखते हो जो तुम अंतर्विरोध सा
मेरी कविता कविता में, वह दृष्टि दोष है।

यहां एक ही सत्य सहस्र शब्दों में विकसा
रूप रूप में ढला एक ही नाम, तोष है।
एक बार जो लगी आग, है वही तो हँसी
कभी, कभी आंसू, ललकार कभी, बस चुप्पी।
मुझे नहीं चिंता वह केवल निजी या किसी
जन समूह की है, जब सागर में है कुप्पी
मुक्त मेघ की, भरी ढली फिर भरी निरंतर।
मैं जिसका हूं वही नित्य निज स्वर में भर कर
मुझे उठायेगा सहस्र कर पद का सहचर
जिसकी बढ़ी हुई बाहें ही स्वर शर भास्वर
मुझमें ढलकर बोल रहे जो वे समझेंगे
अगर दिखेगी कमी स्वयं को ही भर लेंगे।

('कवि' से)

विशिष्ट कवि सात

केदारनाथ सिंह

डा. नामवर सिंह

केदारनाथ सिंह नई कविता की उस पीढ़ी के प्रमुख कवि हैं, जिसका उदय सन् '50 के आसपास हुआ और जिसने नई कविता को एक विशेष दिशा में मोड़ने का सफल प्रयत्न किया। इस पीढ़ी के युवक कवियों की मनःस्थिति में चालीस के पुराने प्रयोगशील कवियों की घुटन, कुंठा, अंतर्मुखीनता तथा कटु बौद्धिकता नहीं हैं, इनमें पिछली पीढ़ी के प्रगतिशील कवियों का कोरा राजनीतिक जोश भी नहीं हैं; इसके अतिरिक्त ये छायावादोत्तर प्रगीतवादियों के सरल गीतों से भी संतुष्ट होने वाले नहीं हैं। कविता के क्षेत्र में इस पीढ़ी ने एक ऐसी स्वस्थ भावसत्ता के साथ प्रवेश किया जिसमें अपनी यथार्थ-संकुल निजता के बीच आशापूर्ण भविष्य की ललक तथा सुंदर जीवन की अभिलाषा झलक मारती रहती है। इस नवीन उत्थान का संबंध परोक्ष रूप से तत्कालीन राष्ट्रीय परिस्थति तथा अंतराष्ट्रीय परिस्थिति से भी जोड़ा जा सकता है। साहित्यिक दृष्टि से इसे प्रगतिवाद, प्रयोगवाद तथा प्रगीतवाद के लंबे घात-प्रतिघात का परिणाम भी कह सकते हैं; निश्चय ही इन विभिन्न प्रवृत्तियों ने एक दूसरे के एकांत की आलोचंना करके कविता के क्षेत्र में एक नये संतुलन की पृष्ठभूमि तैयार की। यह कविता न प्रगतिवाद थी, न प्रयोगवाद, न प्रगीतवाद ही; और न इन तीनों का समन्वय ही। यह 'नई कविता' है। यह आकस्मिक नहीं है कि 'नई कविता' का नारा इसी समय के आस पास दिया गया।

यह नवोत्थान बहुत कुछ अंग्रेजी कविता में डिलेन टामस के नेतृत्व में उदित होने वाले नये ढंग के रोमैंटिक आर्विभाव की तरह है, जो सन् 30 वाले कवियों की अतिशय बौद्धिकता और यथार्थ प्रियता के विरुद्ध उठ खड़ा हुआ।

नई पीढ़ी के इस अभियान के महत्व को कम करने के लिए कुछ लोग इसे केवल लोकगीतों का संस्कृत रूप कहते हैं; लेकिन अपनी साहित्यिक परंपरा की ओर दृष्टिपात करने पर पता चलेगा कि कविता के क्षेत्र में हर नवोत्थान लोकगीतों की ओर उन्मुख हुआ है; चाहे वह आदिकालीन रासो का रोमांस काव्य हो, चाहे संत-भक्ति काव्य अथवा आधुनिक युग का स्वच्छंदतावादी काव्य। यह तो लोक जागरण का प्रमाण है। लेकिन इस नई कविता को केवल लोकगीतों का अनुवाद कहना विवेक को पीठ देना है।

इन कविताओं की अनुभूतियाँ लोकगीतों से कहीं अधिक आधुनिक और जटिल है।

इसी तरह कुछ पुराने प्रयोगशील कवियों ने अपना महत्व बढ़ाने के लिए इस नवोत्थान को अपनी ही रूमानियत का विकास कहा है, लेकिन विवेकी पाठक जानते हैं कि गिरजा कुमार माथुर जैसे कवियों की रूमानी 'थकान' से इन कविताओं की तरूण ताजगी अलग है यही नहीं, इनकी संवेदनाएं, आरंभिक ऐन्द्रियता और मांसल गरमाई से अधिक गहरी हैं।

पिछले चार-पांच वर्षों में नई कविता पर जो कुछ लिखा गया है उससे एकदम स्पष्ट है इस नवोत्थान के कवियों में केदारनाथ सिंह का स्थान सर्वप्रमुख है।

ताजे चित्र (इमेज) और संवेदनक्षम गीत केदारनाथ सिंह की विशेषताएं हैं। चित्र नई कविता की कसौटी हैं और इनके ज़रिए किसी कवि की अनुभूतियों के क्षेत्र और साथ-साथ उसकी कला-शक्ति का पता चल सकता है। मुझे यह कहने में तनिक भी संकोच नहीं है कि चित्र-चयन और चित्र-रचना अर्थात् चित्रों द्वारा उपयुक्त रागबोध के 'पैटर्न' का निर्माण की जैसी क्षमता केदारनाथ सिंह में है वैसी आज किसी कवि में नहीं है। निःसंदेह आरंभ में वे नरेश मेहता की तरह फिजूल चित्रों की लड़ी लगा देते थे लेकिन धीरे-धीरे वे अब एक वृहद् चित्र के भीतर अंगांगि संबंध से केवल थोड़े से आवश्यक चित्रों की योजना करने में सफल हो चले हैं। प्रस्तुत कविताओं में से 'शंका-पुत्र' में यह मितव्ययिता देखी जा सकती है।

जहां तक केदार के चित्रों की व्याप्ति का प्रश्न है, वे प्रायः सरल ग्राम्य और वन्य जीवन के हैं, शहर के चित्रों में वे सड़क और चाय की भाप से आगे नहीं बढ़ते। कवि की मनःस्थिति बतलाने के लिए बार-बार आने वाले कुछ चित्र—जो निःसंदेह प्रतीक बन गए हैं—बहुत सहायक हो सकते हैं। बंद कमरा है तो उसमें 'खिड़की', घर है तो 'आंगन', बाहर निकले तो पगडंडी या खेत की दूर्वा-दल ढकी मेड़; अधिकांश कविताओं की पृष्ठभूमि में सांझ की छाया है या फिर भोर की हल्की उष्णता। 'कुहरा' केदार के यहां अक्सर उठता है और कभी-कभी दुहरा। चिड़ियों के गिरे पंख और फूल की झरी पंखड़ियां उन्हें ज्यादा प्रिय हैं। क्रियाकलाप में हल्की छुअन, नाम लिखना, हांक लगाना, भटकना, अनागत की प्रतीक्षा, किसी अनदेखे को ढूंढ़ना इत्यादि।

ऐसे और इतने चित्र अपने से बाहर निकलने पर ही मिलते हैं, लगता है कि कवि अपनी स्पृहणीय-भावनाओं को बाह्य प्रकृति और विस्तृत जीवन में खोज रहा है और विस्तृत जीवन में खोज रहा है उनका मूर्त रूप प्रतिष्ठित कर रहा है। यह आकुल प्रतीक्षा एक ऐसे भविष्य की है जिसका आभास उसे मिल गया है, रस्ता-घाट का यह भटकना उसी की तलाश में है। यह कोरी 'नास्टेल्जिया' नहीं है। किसी अंतर्मुखी तथा कुंठित कवि के लिए यह संभव नहीं है।

इस अनूठी बहिर्मुखी प्रवृत्ति ने केदारनाथ सिंह के गीतों में एक विशेष प्रकार

की नाटकीयता भर दी है जो उनकी अपनी विशेषता है; इसलिए उनकी मुक्तछंदवाली कविताओं में भी अद्भुत गीतात्मक मिलती है। वे प्रगीत कवि न होते हुए भी मूलतः गीतात्मक हैं और चित्रवादी न होते हुए भी चित्रात्मक हैं।

किंतु कुल मिलाकर केदार मद्धिम या हल्के संवेगों के कवि हैं, उनके यहां आवेश कहीं नहीं है, संभवतः इसीलिए उनकी कविता का धरातल एकदम सम है, सभी कविताओं का स्तर प्रायः एक है या वे एक स्तर की हैं। ऐसे कवि प्रायः औसत कोटि के ही रह जाते हैं। तीव्र संवेगों के कवि (जैसे बायरन और निराला) की रचनाओं का स्तर प्रायः विषम होता है, उनकी कलम से बहुत सी कविताएं इतनी निम्नकोटि की निकलती हैं कि सहसा आश्चर्य होता है, लेकिन अपने सर्वोत्तम रूप में ये कवि बेजोड़ होते हैं।

हमें आशा करनी चाहिए कि जीवन के संघर्ष इस कवि की भावनाओं को विशुद्ध करके कभी-न-कभी तीव्रता अवश्य प्रदान करेंगे, जिससे वह अपनी काव्य प्रतिभा का उचित विकास कर सके।

पुनश्च :

केदारनाथ सिंह दूसरी बार

नामवर सिंह

केदार की कविताओं को मासिक 'कवि' में प्रस्तुत करते हुए मैंने लिखा था कि केदार मद्धिम संवेगों के कवि हैं; लेकिन यह मेरा भ्रम था। वस्तुतः जैसा कि वैलरी ने एक प्रसंग में कहा है, "कवि का कार्य काव्यात्मक स्थितियों को स्वयं अनुभव करना नहीं बल्कि दूसरों में उन्हें उत्पन्न करना है।" केदार में अनुभूति की जो कमी दिखाई पड़ती है वह इसलिए कि वे अपने विषय में यही आभास देते हैं और यह आभास उत्पन्न करना उनके काव्य-संयम का सूचक है। स्वयं को अनुभूतिहीन दिखलाते हुए भी वे अभिप्रेत अनुभूति का प्रभाव उत्पन्न कर ले जाते हैं। इस प्रभाव का साधन है चुना हुआ यथातथ्य बिम्ब या चित्र। केदार भाव को अभिव्यक्त नहीं करते, बल्कि चित्र में व्यक्त करते हैं, जो आचार्य शुक्ल के शब्दों में 'विभावन व्यापार' है तथा इलियट की प्रसिद्ध संज्ञा 'आब्जेक्टिव कोरिलेटिव'।

केदार की यह सुरुचि शब्दों के चयन और काव्य संगीत में प्रकट हुई है। सुघड़ शब्द-योजना और लोचयुक्त लय-शब्द-योजना द्वारा निर्मित लय तथा लय द्वारा निर्धारित शब्द-योजना—उनकी विशिष्टता है। ऐसी शिल्प-सिद्धि नए कवियों में कम

को ही प्राप्त हुयी है। एक हद तक परंपरागत रूप-विधि का अनुशासन मानते हुए भी केदार ने नए रूप-प्रयोग का प्रयत्न किया है। गीत और मुक्त छंद में समान सफलता केदार ही दिखला सकते हैं। लोक-बोली के शब्द भी उनके रचे-पचे आते हैं। ''दूरगंधी तिथि'' और ''जल-हँसी'' जैसे नवनिर्मित शब्द भी अटपटे नहीं लगते। अर्थ, संदर्भ, अस्तित्व, संभावना, ध्रुवान्त–जैसे गद्य क्षेत्रीय शब्दों को भी अनुभूतियों के संदर्भ में रखकर केदार ने काव्यात्मक रूप दिया है।

जैसे–

इस छोर जीवन के
अनगिनती
अनाघ्रात अर्थों तक
जाता है।

अथवा

संदर्भ से छूटे हुए
ये साथ मेरे तैरते से
घर, मुहल्ले, गांव।

केदार उन दो-तीन कवियों में हैं जिन्होंने नयी कविता को चलने योग्य नये शब्द दिए हैं और जिन्हें सचमुच ही समकालीनों ने अपना लिया! और अपनी पीढ़ी को शब्द देना मामूली बात नहीं है।

(*'विवेक के रंग'* से)

केदारनाथ सिंह की तीन कविताएं

शंका-पुत्र

एक बच्चा और मैं–
दो बराबर फासले पर–
नम सुबह की भाप में लिपटे हुए चुप चल रहे हैं।
न जाने कब से!

चांद-सी उसकी हथेली,
फूल जैसे पांव,
रौंदते हैं नदी, पर्वत, खेत, जंगल, गांव!
हर जगह, हर ठांव,
गर्व से मस्तक उठाये,
एक-दूजे को बग़ल से देखते–
बचते हुए,
बाप बेटे की तरह यद्यपि अपरिचित!
हम बराबर चल रहे हैं,
न जाने कब से

और अब वह बहुत कोमल–
इस चढ़ाई की डगर पर थक गया है!
न जाने कब पास आकर–
मौन मेरे हाथ की उंगली पकड़ ली है!
हर क़दम पर पूछता है–
ख़त्म कब होगी–
यह गहनतम भाप–
जिसकी गर्म अनगिन तहों में लिपटे हुए–
हम चले रहे हैं;
ख़त्म कब होगी!
बताओ, ख़त्म कब होगी'!

और मैं चुप हूं!
अनाहत चुप हूं!
यों कि जैसे वह पहाड़ों-जंगलों से पूछता हो;
पिता (या मुझसे) नहीं!

कहीं भीतर एक भय है,
आह, शंका-पुत्र ठहरो, तुम न जानोगे,
नम सुबह की यह पिघलती भाप मैं ही हूं!
एक अनदेखे कवच-सा—
तुम्हें जो घेरे हुए था शाप—मैं ही हूं!

पर यहीं तक,
इस अंधेरे मोड़ तक मैं साथ था,
अब खत्म होता हूं! खत्म होता हूं!
सुनो—
वह उंगली तुम्हारे हाथ में जो बन्द है,
खोजने पर सुबह शायद—
एक मुट्ठी कुहासा रह जाय!
क्षमा करना वत्स,
उसको क्षमा कर देना!

संदेशवाहक

मुझे दिये जाओ—
मैं रक्खूंगा।
गिरने न दूंगा कभी बुझने न दूंगा,
आह, मुझे दिये जाओ!
पिता,
वह सत्य जो कि तुमको मिला था—
एक सोने की जलती पिटारी में बंद,
कहीं बरसों से—

इस घर की अनजानी मिट्टी में गड़ा हुआ;
मुझे दिये जाओ,
मैं रक्खूंगा!
अपनी आकांक्षा की तहों में लपेटकर,
बांधे हुए पीठ पर, प्राणों में, कंधों पर
ढोता रहूंगा, मौन ढोता रहूंगा–
और कभी नहीं खोलूंगा!

दी हुई तुम्हारी उस सोने की पिटारी को,
उसी तरह बन्द, गहन, अनबुझ,
अप्रतिहत,
इन संवेदन के हाथों–
जहां तक कहोगे वहां तक–
पहुंचा दूंगा!
संदेशवाहक मैं तुम्हारी चुप्पियों का हूं,
तुमने जो कहा नहीं–
उस पर्वत-शब्द को अनन्त तक गुंजा दूंगा!
मुझे दिये जाओ।
गिरने न दूंगा कभी बुझने न दूंगा–
पिता,
वह जो निशिदिन तुममें जलता ही रहता है–
मुझे दिये जाओ।
मैं रक्खूंगा!

वह

वह सुबह है,
मुझे आकर जगा देती है!
सांझ है वह,
मुझे गाकर सुला जाती है!
हाथ है वह,

पीठ मेरी थपथपाती है!
भीड़ है वह,
रिक्तता मेरी कंपाती है।
मुझे कहती है कि तुम हैरान हो,
पूछो!
मुझे कहती है कि तुम बेचैन हो,
गाओ!
मुझे कहती है कि तुम अनजान हो,
ठहरो!
मुझे कहती है कि तुम निर्बाध हो,
जाओ!

नश्च : केदारनाथ सिंह की कविता

त्रिनिदाद

उनसे मिलना
समुद्र में बनते हुए नमक से मिलना था
एक देह का
अपनी त्वचा से मिलना था उनसे मिलना

और एक नमस्कार था
जो अपने उच्चारण की सारी झंकृति में चुप
ठिठका-सा खड़ा था बीच में
और हाथ थे जो सोच में पड़े थे
कि जुड़ें कि न जुड़ें

क्योंकि वे लोग थे
जो बहुत कुछ भूल चुके थे
उस सपाट कैरिबियन बालू की तरह
जहां टापू की पहली बीड़ी की महक
और अंतिम चमरौधे की चरमर के साथ

कभी उतरे थे उनके पुरखे
मुझे लगा—मैं उनसे पहले भी मिल चुका हूं
पर इसका समर्थन न तो मेरी आंखें करती थीं
न मेरा दिमाग
पर सच यही था जिसके पक्ष में
हां...हां....हां.....कहे जा रहा था समुद्र
अपनी स्मृति की चट्टानों पर
पछाड़ खाते हुए
उस शाम एक मछुआरा
फिर नहीं लौटा था गहरे समुद्र से
औ' एक जन और कम हो गया था टापू में
और आकाश में बढ़ गया था एक तारा और!

पर समुद्र से शिकायत
वहां किसी को नहीं थी
क्योंकि वह टापू का सबसे वयोवृद्ध नागरिक था
अपनी लंबी श्वेत फहराती हुई दाड़ी में
सबसे सम्मानित

वह था
इसलिए दसों दिशाओं से
भरा-भरा-सा रहता था टापू
और जब कहीं से नहीं आती थी
तब सिर्फ तट के पत्थरों
और ह्वेल मछलियों की आंखों से आती थी
जरा-सी रोशनी
और भटकी हुई नावों
और ठिठके हुए विचारों को
मिल जाता था रास्ता

और एक गंध थी हल्की सी

जो फैली हुई पूरे टापू में थी
यहां तक कि रास्ते की धूल
और पक्षियों की आवाज में भी
पर न तो वह उनके घरों से आती थी
न नारियल के कुंजों
न कहीं पकती हुई मछली की भाप
न समुद्री झाग से
पर वह आती थी हमेशा
समुद्र की तरफ से
मानो झाग फेन और शार्कों के खूनी
जबड़ों से छनकर

और जब वह आती थी
वे हो जाते थे बेचैन
और अक्सर चले जाते थे
उसी बूढ़े समुद्र के पास
क्योंकि उनका खयाल था–
वह जो दढ़ियल समुद्र है
सब जानता है
कि वही–सिर्फ वही जानता है
कि तट पर बिखरे हुए बालू के कणों में
वह कौन-सा कण है
जिसके भीतर बंद है उस पहले जहाज के लंगर के निशान
और खून के वे छींटे
जो वहां गिरे थे पहली बार पुरखों की पीठ से
कोड़ों से छिलकर

कोड़े अब कहीं नहीं थे
कम से कम वे दिखते नहीं थे
सिर्फ रेती पर उनका बेआवाज गिरना था
जिसे भूल से वे कहते थे समुद्री हवा

और बंद कर लेते थे
घरों के दरवाज़े

क्या ये स्मृतिहीन लोग हैं?
अपनी बगलवाले आदमी की गहरी उदास कैरिबियन आंखों में
झांकते हुए मैंने सोचा
मुझे लगा—वहां बिहार के
किसी सूने कछार की ज़रा सी नमी
कहीं अब भी बची थी
और एक अज़ब-सी खनक थी उसकी आवाज़ में
बल्कि एक मूर्च्छना
किसी भूली हुई सुदूर भोजपुरिया धुन की
जिसे उस पूरी भीड़ में मैं
और सिर्फ़ मैं सुन रहा था

उसने बताया उसके पुरखे उदयपुर से थे
जो कहीं बिहार में है
पर उसकी बात को काटते हुए
जब मैंने धीरे से कहा—उदयपुर बिहार में नहीं
राजस्थान में है
वह हो गया उदास
और एकदम निहत्था!

मुझे दुख हुआ
मैंने उसके नक्शे के रंगों को
कर दिया गडमड

असल में वह जो नक्शा था
टापू में घिरे एक बेचैन आदमी का
अपना सृजन था—
जहां दिल्ली के किनारे

बहती थी गंगा
और बनारस हिमालय के उत्तर में कहीं था
और महाराष्ट्र नाम था
महाभारत के किसी पात्र का
और केरल एक शहर
जो कहीं हो सकता था बंगाल में!

क्या सचमुच ये स्मृतिहीन लोग हैं?
अबकी मेरी स्मृति ने जैसे मुझी से पूछा
मुझे चीरते-फाड़ते हुए
अगर ये स्मृतिहीन लोग हैं
तो फिर मैं क्या हूं?
भूलता तो मैं भी जा रहा हूं
कुछ न कुछ रोज़-रोज़
और जो भूलता जा रहा हूं
वह महज़ नीम की पत्तियां
और महुए की टपक नहीं
भूलता तो यही भी जा रहा हूं
कि भूलता जा रहा हूं मैं

तो क्या मैं भी डायस्पोरा हूं?
कहीं अपने समय के किसी त्रिनीदाद में
एक अजब आप्रवासी!

मैं स्वीकार करूं
उस छोटे से टापू के उस विशाल सभाकक्ष में
जब मैंने पहली बार सुना यह शब्द 'डायस्पोरा'
उसकी ध्वनि से मुझे डर लगा
जैसे डायनासोर फिर से
वापस आ गया हो!

और यह तो मैंने बाद में जाना
जब मेरा सामान बंध चुका था
और मैं खड़ा था अकेला
उस चीखते-चिल्लाते समुद्र के सामने
कि स्मृतियां
इसी तरह बदला लेती हैं—
कभी ख़ून के छीटों की तरह
बालू के कणों में होकर अदृश्य
कभी भरे सभाकक्ष में
डायनासोर बनकर!

('तालस्ताय और साइकिल' से)

विशिष्ट कवि आठ

कीर्ति चौधरी

डा. रामअवध द्विवेदी

नई कविता के रसास्वादन एवं समुचित मूल्यांकन के लिए नवीन साहित्यिक अभिरुचि अपेक्षित है। काव्य सतत प्रगतिशील है किंतु लोकरुचि में परिवर्तन धीरे-धीरे प्रकट होता है। अतएव प्रायः प्रत्येक युग में नई शैली का कवि विद्रोही और प्रयोक्ता प्रतीत होता है। छायावाद काल के प्रारंभ में आचार्यों ने कवियों को खरी खोटी सुनाई किंतु कुछ ही वर्षों वाद उन्हीं कवियों की प्रशस्ति होने लगी। इसी प्रकार प्रगतिवादी और प्रयोगवादी कवियों का भी शुरू में तिरस्कार और वाद में अभिनन्दन हुआ। नए मूल्यों को अंगीकार करने में कुछ समय लगता है किंतु अधिक समय नहीं। अतः यद्यपि आज नई कविता की कटु आलोचना हो रही है तथापि कुछ वर्षों के बाद उसकी विशेषताओं की निरपेक्ष परख होगी और उसका आदर होगा।

संतोष का विषय है कि आज की नवीन पीढ़ी के भावुक कवि प्रचुर परिमाण में सुंदर काव्य का सृजन कर रहे हैं। उसका जीवन और कला के प्रति नया दृष्टिकोण है तथा वे कविकर्म में तत्परता और उत्साह के साथ रत हैं। इन नवोदित कवियों में कुमारी कीर्ति चौधरी का एक विशेष स्थान है। नवीन उपकरणों द्वारा नवीन शैली में स्त्री सुलभ कोमल भावनाओं को व्यक्त करने में वे समर्थ हैं। उनकी तीन कविताएं पुस्तक में दी गई हैं। उनमें नवीन प्रेरणा तथा नवीन शिल्प-विधान के संकेत परिलक्षित हैं। उनकी काव्य प्रेरणा में न तो रूमानी कवियों सरीखी पलायन की प्रवृत्ति है और न कोरे यथार्थवादियों की इतिवृत्तात्मकता। जीवन की वास्तविक अनुभूति कल्पना के स्पर्श से निखर कर इन रचनाओं में सामने आई है। शब्दचित्रों का सुंदर नियोजन हुआ है। 'एक सांझ' में क्रमशः अनेक चित्र प्रस्तुत किए गए हैं और प्रायः सभी की रेखाएं स्पष्ट और रंग उभरे हुए हैं। कुमारी कीर्ति चौधरी की रचनाओं में मानसिक चेष्टाओं (मूड्स) की सुंदर अभिव्यक्ति और इस प्रकार सूक्ष्म सौंदर्य की सृष्टि हुई है। उनकी शैली प्रांजल एवं सशक्त है।

कवयत्री की प्रतिमा उर्ध्वोन्मुखी है। काव्य के क्षेत्र में वे अभी पदार्पण कर रही हैं किंतु उनकी रचनाओं में पर्याप्त सौष्ठव है और साथ ही साथ उनमें भावी सफलता के अंकुर निहित हैं। हमारा विश्वास है कि उनकी कविता की ओर पाठक आकृष्ट होंगे तथा उसका स्वागत करेंगे।

कीर्ति चौधरी की तीन कविताएं

प्रतीक्षा

करूंगी प्रतीक्षा अभी।
दृष्टि उस सुदूर भविष्य पर टिका कर
फिर करूंगी काम।
प्रश्न नहीं पूछूंगी,
जिज्ञासा अन्तहीन होती है।
मेरे लिए काम जैसे
अपने को एक नाम।

मैं ही तो हूं
जिसने उपवन में
बीजों को बोया है।
अंकुर के उगने से बढ़ने तक
फलने तक
धैर्य नहीं खोया है।
एक एक कोंपल की चाव से
निहारी है बाट सदा।
देखे हैं
शिशु की हथेली से मसृण
हरित किसलय दल
कैसे बढ़ आते हैं।
दुर्बल कृश अंग लिए उपजे ये
वे ही परिपुष्ट बने
झूम लहराते हैं।

मैं ही तो हूं
जिसने प्यार से संवारी है
डाल डाल।

आएंगी कलियां
फिर बड़े गझन गुच्छों में
फूलेंगे फूल लाल।
करूंगी प्रतीक्षा अभी।
पौधा है वर्तमान
हर दिन हर क्षण।
नव कोपल पल्लव समान
हरियाए, लहराए
लहराए
यत्न से संवारूंगी।

आखिर तो
बड़े गझिन गन्ध युक्त गुच्छों सा
आएगा–'भविष्य' कभी
करूंगी प्रतीक्षा अभी।

एक सांझ

वृक्षों की लंबी छायाएं कुछ सिमट थमी।
धूप तनिक धौली हो
पिछंवाड़े बिरम गई।
घासों में उरझ उरझ
किरणे सब श्याम हुई।
शालू शहतूतों की डालों पर
लौटे प्रवासी जब
नीड़ों में किलक उठी
दिशि दिशि में गूंज रमी।

पश्चिम की राह बीच
सुर्ख चटक फूलों पर
कोई पर कूलों पर

पलकें समेट उधर—
सांझ ने सलोना मुख हौले से टेक दिया।

एकाएक जलते चिरागों को
चुपके से
जैसे किसी ने हो मंद किया।
दुग्ध धवल गोल गोल खम्भों पर
छत पर चिकों पर
वहां ....
कंपती बरौनियों की परछाहीं
डोल गई।

आह! यह सलोनी! यह सांझ नई!

मैं तो प्रवासी हूं।
ऊंचा यह बारह खम्भिया महल
औरों का!
दुग्ध धवल आंखों में
अंजन सी अंजी सांझ!
कजरारी बांकी कटीली उस चितवन सी
सजी सांझ
औरों की!
मेरी तो छज्जों दरवाजों
झरोखों मुंडेरों पर
मंड़राते
घुमड़ घुमड़ भर जाते
धुंए बीच
घुटती सहमती उदास सांझ
और... और... और...
वह शुक्र तारा.....
भोर तलक जिस पर
अंधियारे की परत जमी।

बरसते हैं मेघ झर झर

भींगती हैं धरा
उड़ती गंध
चाहता मन छोड़ दूं निर्बंध
तन को यहीं भीगे
भीग जाए
देह का हर रंध्र
रंध्रों में समाती
स्निग्ध रस की धार
प्राणों में अहिर्निशि जल रही
ज्वाला बुझाए
भीग जाए
भीगता रह जाए सब उत्ताप

बरसते हैं मेघ झर झर
अलक माथे पर
बिछलती बूंद मेरे
मैं नयन को मूंद
बाहों में अमिय रसधार घेरे

आह! हिम शीतल सुहानी शांति
बिखरी है चतुर्दिक
एक जो अभिशप्त वह उत्तप्त अंतर
दहे ही जाता निरंतर
बरसते हैं मेघ झर झर

विशिष्ट कवि नौ

रामदरश मिश्र

चन्द्रबली सिंह

रामदरश मिश्र हिंदी के उन कवियों में हैं जो छायावाद की दहलीज़ पार कर भी उसके नज़दीक खड़े हैं—जहां से जिंदगी उन्हें लगातार आगे की ओर खींचती जा रही है, लेकिन जहां से मन अक्सर अतीत की ओर लौट चलने को होता है।

ऐसे कवियों के साथ हमारी सहानुभूति होनी चाहिए क्योंकि वे ईमानदारी के साथ एक ऐसे अतीत से छुटकारा पाना चाहते हैं जिसमें बहुत सी अच्छी बातें हैं लेकिन जिसका समूचा साथ ले चलना पैर में चक्की बांध कर चलने की तरह है। ऐसे कवि लंबे डग भरने में असमर्थ रहे हैं और उनके नाम की धूम भी नहीं है। हिंदी कविता में आज जो विचारधाराओं की टक्कर है उनमें ऐसे कवि न तो घर के और घाट के जान पड़ते हैं। प्रयोगवादी जिंदगी की बात करते हुए भी केवल प्रयोग यानी शैली की दीक्षागम्यता को ही कविता मानने को तैयार हैं। छायावादी रंग में डूबे आलोचक ऐसे कवियों को उस घोड़े की निगाह से देखते हैं जिसने किसी ऊंट को देखकर सोचा—यह अजब दोग़ला घोड़ा है और प्रगतिशीलता का संकुचित अर्थ करने वाले इनको अपनी पांत में नहीं बिठाते क्योंकि ये अपनी कविता को पूरी तरह से उनके सांचे में नहीं ढाल पाते।

रामदरश मिश्र में विषय-विशेष का भी वह आग्रह (या दुराग्रह) नहीं जो हिंदी-काव्य की विभिन्न आधुनिक शैलियों में दीख पड़ता है। संघर्ष, उसमें जीत और टूट जाना, रूप का लोभ, हाड़-मांस के सौंदर्य पर रीझना और छायावादी कवियों की तरह सौंदर्य का आदर्शीकरण, गांव का आकर्षण और शहर के बुद्धिजीवी की कुंठित मानसिक स्थिति—इन सारी चीजों को उनका कवि स्वच्छंदता के साथ ग्रहण करता है। लेकिन इसका अर्थ यह नहीं कि उनमें भावों या विचारों की अराजकता भरी हुई हैं। इन सबको एक सूत में पिरोने वाली चीज़ उनकी स्वस्थ सामाजिक चेतना है। हमें संदेह नहीं कि वह चेतना अभी दृष्टिकोण का रूप नहीं ले सकी है, जिसके कारण रामदरश मिश्र में चिंतन से अधिक भावुकता है। और भावुकता का दोष यह होता है कि पहले तो वह जिंदगी को एक सरल रेखा बनाकर रख देती है और दूसरे वह चिंतन को शैशव से आगे नहीं बढ़ने देती।

अनुभूति में छायावादी पुट के साथ-साथ रामदरश मिश्र की कविता का रूप भी बहुत कुछ छायावादी है। भाषा, शब्द-चयन वाक्य-रचना, अलंकार और रूप-योजना इत्यादि में वह छायावाद के अत्यंत निकट हैं। इसीलिए उनकी कविताओं में ताज़गी का अनुभव वहां होता है जहां उनकी चित्र-योजना गांव की प्रकृति के उन उपेक्षित किंतु अंतरंग दृश्यों पर टिकी हैं जिनकी ओर छायावादियों की नजर नहीं गई। अन्य स्थानों पर सुकुमार और गीतिमय अभिव्यक्ति के बावजूद रीति या परंपरा बद्ध चित्र-योजना कवि की अनुभूति को अक्सर प्रतिध्वनि के स्तर पर उतार देती है। ऐसे स्थलों पर सांगोपांग रूपकों में कवि जिंदगी से अधिक किताबों का जान पड़ता है।

रामदरश मिश्र की भाषा का सौंदर्य भावों के सरल प्रचलित शब्दों के प्रभाव और संगीत में हैं। वहां उसमें मिठास और मन को छू लेने की शक्ति होती है। ऐसे स्थलों पर वह कविता सच्ची और गहरी अनुभूति से पैदा होती है। लेकिन जहां कवि इस प्रकार की अनुभूति से दूर जा पड़ता है वहां उसकी भाषा की बुनावट में बेमेल सूत लग जाते हैं। 'सुबह की राह' कविता में 'शिला', 'धमनियां', 'वक्ष', 'दिवस', 'मरण की शाम' इत्यादि के स्थान पर 'चट्टान', 'नसों', 'सीने', 'दिन', 'मौत की शाम' का इस्तेमाल पंक्तियों में अन्य आवश्यक परिवर्तनों के साथ एक अच्छा प्रयोग होगा। उसी कविता में एक नन्हा-सा बालक अपने थके मांदे बेकार बाप से जब यह कहता है : 'तुम्हारा शीश इतना जल रहा है' या 'अजी तो क्या हुआ जो आज का भी दिन गया निष्फल' उस वक्त जान पड़ता है कि वह अपने 'पापा' से बात नहीं कर रहा बल्कि बेसिक की पोथी पढ़ रहा है। इसी तरह का भारी-भरकम प्रयोग 'अन्धकाराहत भुजाओं' हैं। यह शब्दों से परहेज की नहीं, बल्कि उनके ताने-बाने की बात है। और वैसे तो 'अबोले' शब्द चल पड़ा है लेकिन जब 'अग्नि आंखों में अगिन सपने' में भाषा को गांव या साधारण बोली का संस्कार दिया जाता है तो स्थिति चिंत्य हो जाती है।

रामदरश मिश्र के गीतों में लोकगीतों का माधुर्य और तरलता है किंतु उनके मुक्त छंदों में वह सजग नियंत्रण में नहीं दीख पड़ता जिसके बिना मुक्त छंद की कविता भाषण या गद्य के निकट पहुंच जाती है। मुक्तछंद देखने में सरल जान पड़ता है किंतु उसमें सफलता शब्दों के मितव्ययी और चिंतनशील शिल्पियों को ही मिली है।

संक्षेप में रामदरश मिश्र को अभी कई मंज़िलें तय करनी हैं और संतोष की बात यह है कि वह रुके नहीं बल्कि चल रहे हैं।

रामदरश मिश्र की तीन कविताएं

एक

ओ हवा ओ!

हर वतन, हर बाग हर घरकी हवा ओ!
ओ हवा ओ!!
ओ हवा ओ!!!
खड़ा हूं मैं आज फैला फटा दामन जिंदगी का
इस चतुष्पथ पर
मेरे एक नन्हें से कमल के वास्ते।

गुलाबों की, कमल की, जुही, बेला की
न जाने और कितने नए फूलों की
महकती आत्माएं तैरती तुममें
गंध तुममें है
हवा ओ! गंध दो।

तुम नहाती हो
सुबह की धूप में
संध्या के तरल अनुराग में
खिलखिलाती चांदनी के सिंधु में
रंग तुममें हैं हवा ओ! रंग दो।

सिंधु पर तुम लोटती हो
नदी नालों ताल-झीलों कूप का जीवन
तुम्हारे स्पर्श में बहता
हवा ओ! जिंदगी दो।

तुम्हारी घाटियों में गूंजते हैं गीत कोमल के
तुम्हारी आत्मा में थरथराते हैं
उमड़ते और बजते हैं
हंसी से सिक्त ओठों के मुखर त्यौहार
गीत तुममें हैं
हवा ओ! गीत दो।
अगिन आंखों के अगिन सपने
चिरागों की तरह खिल खिल
मंहक उठते
तुम्हारे गहन अंतर में
स्पप्न तुममें हैं
हवा ओ! स्वप्न दो।

मेरे एक नन्हें से कमल के वास्ते
मैं अकिंचन सब तरह से पुण्य-रीता
भीख तुम से मांगता हूं
ओ! हवा ओ।

अगर मुझमें है कहीं कुछ ग्राह्य
ले लो
बांट देना
अगर मुझसा ही अभागा बाप कोई
चतुष्पथ पर खड़ा होकर
भीख तुमसे मांगता हो
अपने एक नन्हें से कमल के वास्ते
ओ हवाओ।

दो

न जाने तुम कौन हो
ओ रूप रंग विहीन

जिसे मैं आज याद कर रहा हूं
'तुम कोई हो भी या नहीं!'
नहीं जानता
मगर तुम्हीं तुम मेरी आत्मा में भर गये हो
ओ कोई अज्ञात फूल!
मेरी सांसें तुम्हारी सुरभि से पागल हो गयी हैं
और न जाने क्यों रह रह कर ऐसा लग रहा है
कि वसन्त आ रहा है।

तीन : सुबह की राह

यह बालों से लदी
संध्या पूस की
ये सर्द भरी बदलियां
निस्पंद छाती में गगन की
कस उठी हैं
बिछ रही हैं दिवस की हर एक धड़कन पर
शिला सी शाम की साँसे
ये थके मांदे पांव मेरे
खींचते घर ओर
भारी मौन भीगी राह
मेरी धमनियों में
ब्योम की परछाइयां ज्यों जग गयी हैं
मेरे वक्ष में ज्यों
एक गीला वायु का झोंका
समाकर रह गया है
आह!
ढलता दिवस मेरे खुले माथे
रात की गीली तहें बन सो रहा है
यह मरण की शाम!
बादलों की छांह का मारा हुआ मैं

हर तरह हारा हुआ मैं जिंदगी से
आ गया हूं लौट अपने गेह
नन्हा एक दीपक
शीश पर अपने उठाये
बादलों की छांह का मारा हुआ मैं
हर तरह हारा हुआ मैं जिंदगी से
आ गया हूं लौट अपने गेह
नन्हा एक दीपक
शीश पर अपने उठाये
बादलों से झुकी ठंडी शाम की छत
द्वार पर मुझसे मिला
हां आ गया हूं लौट अपने गेह।
(लो तुम आ गये!
तुम आज कितनी देर से आये?
तुम्हारा आज मुंह उतरा हुआ क्यों?
क्यों बुझी सी है बहुत आंखें
तुम्हारा शीश इतना जल रहा है हाथ मुंह धो लो
यहां बैठो
अजी तो क्या हुआ
जो आज का भी दिन गया निष्फल!)
सुबह से एक मुरझाया हुआ जलजात
मुझको सुरभि देने को
अचानक खिल गया है
स्पर्श के ये गरम सोते
देह की दुखती रगों का
दर्द सारा खींचते हैं
प्यार के ये स्वर
कि मेरे वक्ष में अवरुद्ध
हिम के खंड खंड पिघल रहे हैं।
ये हंसी के फूल
जैसे तोड़ बर्फीली तहें

अंकुर धरा के उग रहे हों।
'आ गया पापा'
हंसी से एक
गेह नहा पड़ा
इन अंधकाराहत भुजाओं में
सुबह का फूल गोरा भर गया
निष्कलुष भोला चांद
क्षण में चीर सागर तिर गया
हैं छट गयीं
सब मौत की खामोशियां
ये जिंदगी के अनथके सौंदर्य
आंखों में सुबह की राह
फिर फिर खींचते हैं
ये थके हारे चरण
ताजा रवानी से
जिन्हें फिर थाम लेंगे।

पुनश्च : रामदरश मिश्र की कविता :

कोयले का चूल्हा

आसान दिनों में
अभिजात हँसी हँसता हुआ गैस का चूल्हा
हमारे साथ चलता रहता है
लेकिन जब जाड़े के मुश्किल दिन आते हैं
तब आँगन के कोने में उपेक्षित उदास-सा पड़ा
कोयले का चूल्हा जाग जाता है हमारी आँखों में
और पूरा घर जैसे उसे पुकारने लगता है
मौन भाव से
और एक दिन उग आते हैं
उसके भीतर अंगारों के लाल-लाल फूल
ठंडक की चुप्पी में डूबे रसोईघर में

फैल जाती है उसकी खिलखिलाहट की आँच
सुबह-शाम
बिखरा हुआ घर उसके इर्द-गिर्द सिमट आता है
बीच में बैठी गृहिणी के हाथ
संवाद करते रहते हैं उसकी आँच से
गरम-गरम चाय
घी में छनछनाती पकौड़ियाँ
सोंधी-सोंधी गंध उड़ाती बदकती दाल
उगते सूरज-सी लाल-लाल रोटियाँ
चूल्हे के ताप से निकलती रहती हैं
और फैलती रहती हैं हमारे भीतर
स्वाद और रक्त बनकर
उसके साहचर्य की ऊष्मा
हमारी रगों में उतरती रहती है
और उनमें बहने लगती है एक गुनगुनी नदी
हमारे तन-मन में जमा हुआ
मौसम का सर्द ठहराव टूटता रहता है
और परिवार के एक साथ होने की अनुभूति
गुनगुनाने लगती है कोई भूला-बिसरा गीत
छिड़ जाती है कई-कई कहानियाँ
कई-कई विनोदमयी लंतरानियाँ
कई-कई मांगलिक प्रसंग
गृहस्थी की छेड़-छाड़
और वहीं अखबार के पन्नों से झरने लगते हैं
देश के, विदेश के सुखी-दुखी समाचार
हम किसी समाचार पर हँसते-हँसते, एकाएक
किसी समाचार पर स्तब्ध हो उठते हैं
और वैश्विक विषाद की एक चीख
हमारी संवेदनाओं में तड़प उठती है. एक साथ
और पूरा घर एकाएक विश्व बन जाता है

रात को खाना खाने के बाद
चूल्हे की शेष ऊष्मा को छाती में बटोरते हुए
हम टी.वी. के सामने बैठे होते हैं
और जब सोने जाते हैं
तब लगता है कि
एक स्फूर्ति भर आयी है तन में, मन में
ठंड से लदे काले समय को झेलने के लिए
और रात भर आँखों में
कुछ अच्छे सपने आयेंगे, जायेंगे...

14-2-2002
('आम के पत्ते' से)

विशिष्ट कवि दस

दुष्यंत कुमार

केदारनाथ सिंह

'सूर्य का स्वागत' के कृती दुष्यंत कुमार की कुछ नवीनतम कविताओं को प्रस्तुत करने का भार मुझे सौंपा गया है। मैं यहां उन कविताओं की व्याख्या करने नहीं जा रहा, क्योंकि दुष्यंत की कदाचित् सबसे बड़ी विशेषता यही है कि वे हिंदी के नये कवियों में सबसे कम व्याख्या-सापेक्ष हैं। जो कुछ कहना है उसको एक सीधी लकीर में, बेझिझक कह जाने की अद्‍भुत क्षमता उनमें है। पर वह सहजता सन् चालीस के आसपास के उन (सुमन, दिनकर आदि) प्रगतिशील कवियों की सहजता से भिन्न है जो एक जरा-सी बात को विद्रोह और क्रांति के भव्य चित्रों और जोरदार शब्दों में बांधकर रखने में ही कवि-कर्म की चरम सफलता समझते थे। दुष्यंत की कविताओं में जहां अभिव्यक्तिगत सहज प्रेषणीयता है, वहीं एक निर्माणरत युवक मन के परस्पर-स्पर्शी, सम-विषम छायास्तरों की बारीक पकड़ भी है। यह पकड़ जहां ढीली पड़ जाती है, वहां भी कवि की न कह पाने की पीड़ा का बोध हमें अक्सर होता है। जहां कहीं उसने चलती स्फीत पदावली का आश्रय लिया है, उसके हाथ से कला का संयम छूट गया है और लगता है कवि अपने आविष्कृत सत्य को एक ऐसे गमले में रखकर प्रस्तुत कर रहा है जो उसके उन्मुक्त हाथों में ठीक से बैठ भी नहीं पाता। पर वहां भी आप पाएंगे कि कवि के कथ्य में उसका अपनापन अधिक से अधिक मुखर है।

शिल्प के प्रति इस अचिंतित लापरवाही और युवकोचित प्रगल्भता ने दुष्यंत को रचना-प्रक्रिया की एक ऐसी सहज भंगिमा दे दी है, जो अब धीरे-धीरे उनके व्यक्तित्व का स्वाभाविक अंग बन गयी है। यहां तक कि हम इसी से उनको पहचानने लग गए हैं।

पर इस प्रवृत्ति का एक दूसरा छोर भी है जो कभी-कभी कवि की सीमा बन जाता है। वह प्रायः अपने बहाव में उन अतिपरिचित और अर्थकृष्ट प्रतीकों का निधड़क प्रयोग करने में नहीं हिचकता, जो बार-बार प्रयुक्त होकर अपनी ताजगी और काव्यगत संभावनाएं खो चुके हैं। वह जब अपनी आकांक्षा का चित्र खींचने चलता है तो उसे अपना व्यक्तित्व एक बिखरे चक्रव्यूह के बीच उस असफल योद्धा की तरह दिखाई

देता है जो संघर्ष की सीमा तक पहुंचकर अभिमन्यु होते हुए रह गया हो! बात तीखी है, पर इस चित्र में कवि का अपना आविष्कार जैसे उस बिखरे हुए चक्रव्यूह के भीतर ही छटपटाता रह गया है! एक नए कवि के सामने बराबर कुछ ऐसे आकर्षक समकालीन मुहाविरे होते हैं, जिनका मोह वह सहज ही नहीं त्याग पाता। मेरा अनुमान है कि दुष्यंत जैसे प्रखर अनुभूतियों वाले कवि की प्रतीक्षा में बहुत से ऐसे प्रतीक अंधकार में पड़े हुए हैं जिनका किसी ने स्पर्श नहीं किया।

कालक्रम की दृष्टि से देखें तो दुष्यंत की कविताएं 'दूसरा सप्तक' के बाद की उस स्वस्थ सामाजिक धारा का प्रतिनिधित्व करती हैं, जिसमें नई कविता की समस्त कलात्मक उपलब्धियों का गहन-विरल योग है। एक हल्के राजनीतिक रंग के साथ सन् तीस के आस पास के अंग्रेजी कवियों में जिस तीव्र परिवेश-बोध और गहरी सामाजिक चेतना के दर्शन हुए थे, दुष्यंत की कविताओं में भी कभी-कभी वैसी झलक मिल जाती है। पर उन कवियों में जहां विविध मानवीय संबंधों और प्रकृति के पलपल परिवर्तित रूप-तरंगों का सूक्ष्म ऐन्द्रिय बोध था, वहां दुष्यंत की कविताओं में अपने और अपने आस पास के सुख-दुखों की विवृति ही अधिक है। मेरा विश्वास है कि कवि के भावी प्रयोग उस भावभूमि पर होंगे, जहां खड़े होकर वह स्वयं को जन-जीवन और प्रकृति के पारस्परिक संबंधों के बीच देख सकेगा।

पुनश्च :

दूसरी बार आलोचक

केदारनाथ सिंह

दुष्यंत की आरंभिक कविताओं पर जो टिप्पणी मैंने लगभग 48 साल पहले लिखी थी उसको पढ़कर बाद में विकसित होने वाले दुष्यंत की कल्पना मैंने तो नहीं ही की थी, शायद उनके अन्य पाठकों को भी इसका ठीक-ठीक पूर्वानुमान न हो। अपनी टिप्पणी के अंत में मैंने कहा था कि "कवि के भावी प्रयोग उस भाव-भूमि पर होंगे जहां खड़े होकर वह स्वयं को जनजीवन और प्रकृति के पारस्परिक संबंधों के बीच देख सकेगा।"

आज जिस रूप में दुष्यंत का कवि व्यक्तित्व हमारे सामने है, उसमें, उनके गहरे सामाजिक सरोकार तो मुखर हुए हैं पर प्रकृति लगभग छूट गयी है। एक ग़ज़लगो कवि के रूप में जो उनकी प्रतिष्ठा है और बेशक वो इस रूप में है कि उनके अवदान को नकारा नहीं जा सकता—उसकी एक हल्की-सी झलक मुझे उनकी एक आरंभिक

ग़ज़ल में मिला थी जो शायद उनकी पहली ग़ज़ल ही थी। दुष्यंत मुझसे उम्र में बड़े थे, पर बात करते हुए कुछ ज़्यादा ही वज़न मेरी बातों को देते थे। मुझे अच्छी तरह याद है कि उन्होंने उस ग़ज़ल की जो पंक्तियां मेरे सामने पढ़ीं वो इस तरह थीं–

इश्क से बेबसी नहीं जाती
ज़िन्दगी है कि जी नहीं जाती
एक आदत-सी बन गयी है तू
और आदत कभी नहीं जाती।

सीधी-सादी चुभती हुई पंक्तियां थीं जो मेरे मन में आज तक टंकित हैं। दुष्यंत ने मेरी प्रतिक्रिया जाननी चाही और मैंने जब तारीफ़ की तो खुश ज़रूर हुए पर उन्हें ग़ज़ल की दिशा में विकास करना है इसको लेकर उनके मन में उस समय थोड़ी दुविधा थी। कहीं मेरे मन में भी एक समकालीन मित्र कवि के लिए यह दबी हुई इच्छा ज़रूर थी कि वह उसी दुनिया में रहे जिसे उन दिनों 'नई कविता' के नाम से जाना जाता था और जिसके एक किनारे पर खड़े कवि हम दोनों थे। उन्हीं दिनों मेरी एक पुरानी कविता 'दिग्विजय का अश्व' का अगला चरण दुष्यंत ने इसी शीर्षक से लिखा था जो मुझे बहुत अच्छा लगा था शायद मेरी कविता से भी अच्छा।

ख़ैर! उसके बाद न सिर्फ़ दुष्यंत के व्यक्तिगत जीवन की परिस्थितियां तेज़ी से बदलती चली गयीं बल्कि इसके समानांतर उनकी कविता में भी क्षिप्र परिवर्तन हुए। एक पूर्ण विकसित ग़ज़लगो कवि के रूप में उनका उभार इसी बीच शुरू हुआ जिसे भोपाल पहुंचकर 'जाँ निसार अख्तर' के संसर्ग में उन्होंने और मांजा-संवारा। ग़ज़लें हिंदी में भारतेन्दु से लेकर शमशेर तक अनेक बड़े कवियों ने लिखी हैं लेकिन यह निःसंकोच कहा जा सकता है कि जिसे हम हिंदी ग़ज़ल कहते हैं उसका पहला मुकम्मल ढांचा दुष्यंत ने ही तैयार किया था। मुझे यह भी लगता है कि ग़ज़ल में दो चीज़ें और दुष्यंत ने जोड़ीं जो गौरतलब है– पहली यह कि उन्होंने ग़ज़ल के स्वरूप को आपातकाल के आसपास की राजनीतिक पृष्ठभूमि का लगभग आईना बना दिया और इस तरह उसे एक स्पष्ट सामाजिक राजनीतिक आयाम दिया। दूसरी बात यह कि उन्होंने परंपरागत बहरों को छोड़कर हिंदी के ठीक मात्रिक छन्दों में भी कुछ ग़ज़जें लिखीं। जैसे–

मत कहो आकाश में कुहरा घना है
यह किसी की व्यक्तिगत आलोचना है।

दुष्यंत की ग़ज़लों ने जो लोकप्रियता हासिल की, उसके कारणों की ठीक-ठीक व्याख्या आज तक नहीं की जा सकी है। यह एक ऐसा प्रश्न है जिससे आधुनिक कविता के भावी इतिहासकार को टकराना होगा

5/3/05

दुष्यंत कुमार की चार कविताएं

आग जलती रहे

एक तीखी आंच ने
इस जन्म का हर पल छुआ,
आता हुआ दिन छुआ,
हाथों से गुजरता कल छुआ।
हर बीज, अंकुआ, पेड़, पौधा,
फूल, पत्ती, फल छुआ।
जो मुझे छूने चली
हर उस हवा का आंचल छुआ!

प्रहर कोई भी नहीं बीता अछूता
आग के संपर्क से,
दिवस, मासों, और वर्षों के कड़ाहों में,
मैं उबलता रहा पानी सा
परे हर तर्क से।
एक चौथाई उमर
यों उबलते बीती बिना अवकाश,
भाप बन-बन कर
चुका, रीता!
भटकता, छानता आकाश।

सुख नहीं यों उबलने में सुख नहीं कोई,
पर अभी जागी नहीं है चेतना-सोई,
मैं अभी क्या, आग में आकार गढ़ने दो,
आग की लौ और थोड़ी और बढ़ने दो,
कभी जागेगा कभी तो भाप का तूफान,
अर्थ लेगा कभी तो मेरा मुखर बलिदान,
कभी तो वह बंद ढक्कन उलट जाएगा,

करूंगा स्थिर मैं कभी गति के नए प्रतिमान,
अभी तो वह आग जलती रहे, जलती रहे,
जिंदगी यों ही कड़ाहों में उबलती रहे।

...उपरांत-वार्ता

हिल उठा अचानक संयम का वट-वृक्ष
अस्फुट शब्दों की हवा
तुम्हारे अधरों से क्या ही!
सब जड़ें उभर आईं।

x x x

पहले भी याद करो
तुझको... मैंने समझाया था—
ये बिरवा है
ढह जाएगा
लहरों के आगे इस बिरवे की क्या बिसात।
आंधियां संभाले हुए दिशाओं सा दिल
रहे अविचलित
झझकारों को झेले जाए नित
इस योग्य नहीं।
यौवन का पहरेदार सजग : संयम :
लेकिन कब तक?
हर क्षण पर कोई मुहर नहीं होती।
यह जीवन खाली था
इसको भरने वाली आकाक्षाएं-पनिहारिन
चढ़ आईं।

x x x

तुझको पहले भी समझाया था मैंने
याद करो—
मैं बहुत विवश हूँ
कोई लक्षमण-रेखा नहीं यहां,
दूरी रखने के लिए कहाँ— जाऊं? तुम हो न जहाँ!

एक आकांक्षा का चित्र

बिखर गया वह चक्रव्यूह भी
जिसमें घिरकर अभिमन्यु समझता था
खुद को
आक्रमण कहीं से नहीं हुआ
आक्रामक सारे चले गए
बस मैं ही दुर्निवार तम की चादर जैसा
अपने निष्क्रिय जीवन के ऊपर फैला हूं।

यह अभिमन्यु न बन पाने का क्लेश!
यह उससे भी कहीं अधिक क्षत-विक्षत
मन का वेश,
उस युद्धस्थल से भी ज्यादा–
भयप्रद रौरव मेरा हृदय-प्रदेश
इतिहासों में नहीं लिखा जाएगा।

ओ इस तम में छिपी हुई कौरव-सेनाओं!
आओ....
ब्यूह-बद्ध हो मुझे लील लो
मेरे जीवन को दृष्टांत बनाओ।
जीवन होम करूं मैं,
खंडित-शस्त्र भले हों हाथों में
लेकिन लड़ता हुआ मरूं मैं।

वर्षा

दिन भर वर्षा हुई,
कल न उजाला दिखा...
अकेला रहा...
तुम्हें ताकता अपलक;

आती रहीं याद
इन्द्रधनुषों की—
वे सतरंगी छवियां
खिंची रहीं जो अब तक;

कलम हाथ में लेकर
बूंदों से बचने की चेष्टा की,
इधर-उधर को भागा
भींग गया पर मस्तक!

हाय! भाग्य की रेखा;
मुझ पर ही आकाश अकारथ बरसा
पर तुम? बूंदें
गईं न शायद तुम तक?

पुनश्च : दुष्यंत कुमार की दो ग़ज़लें

(1)

मैं जिसे ओढ़ता-बिछाता हूँ,
वो ग़ज़ल आपको सुनाता हूँ।

एक जंगल है तेरी आँखों में,
मैं जहाँ राह भूल जाता हूँ।

तू किसी रेल-सी गुज़रती है,
मैं किसी पुल-सा थरथराता हूँ।

हर तरफ़ एतराज़ होता है,
मैं अगर रोशनी में आता हूँ।

एक बाजू उखड़ गया जब से,
और ज़्यादा वज़न उठाता हूँ

मैं तुझे भूलने की कोशिश में,
आज कितने करीब पाता हूँ।

कौन ये फ़ासला निभाएगा,
मैं फ़रिश्ता हूँ सच बताता हूँ।

(2)

अब किसी को भी नज़र आती नहीं कोई दरार,
घर की हर दीवार पर चिपके हैं इतने इश्तहार।

आप बचकर चल सकें ऐसी कोई सूरत नहीं,
रहगुज़र घेरे मुरदे खड़े हैं बेशुमार।

रोज़ अख़बारों में पढ़कर ये ख़याल आया हमें,
इस तरफ आती तो हम भी देखते फ़स्ले-बहार।

मैं बहुत कुछ सोचता रहता हूँ पर कहता नहीं,
बोलना भी है मना, सच बोलना तो दरकिनार।

इस सिरे से उस सिरे तक सब शरीके जुर्म हैं,
आदमी या तो ज़मानत पर रिहा है या फ़रार।

हालते इनसान पर बरहम न हों अहले-वतन
वो कहीं से ज़िन्दगी भी माँग लाएँगे उधार।

रौनके जन्नत ज़रा भी मुझको रास आई नहीं,
मैं जहन्नुम में बहुत खुश था मेरे परवरदिगार।

दस्तकों का अब किवाड़ों पर असर होगा ज़रूर,
हर हथेली ख़ून से तर और ज़्यादा बेक़रार।

('साये में धूप' से)

शमशेर की *आओ* कविता पर एक व्यावहारिक संवाद

आलोचक जगत शंखधर का पत्र कवि के नाम

सरस्वती प्रेस, वाराणसी
21.2.1958

प्रिय शमशेर,

'युग चेतना' में तुम्हारी कविता 'आओ!' पढ़ी। एक बार—यानी सरसरी तौर पर पढ़ने पर तो कुछ खास पल्ले न पड़ी—फिर दुबारा तिबारा पढ़ी। जो कुछ समझ में आयी उतनी तो अच्छी लगी। पर साफ बात यह है कि अभी भी दिल में चोर है कि जो समझा वह वही कुछ समझा जो तुम खुद कह गए हो। इसलिए चाहता हूं कि रूबरू न सही बजरिए डाक ही समझने की कोशिश करूं। इसके पहले जब कभी एक या दो बार ही सही—कुछ समझना चाहा है तो तुमने निराश नहीं किया है, पर हर बार अपनी समझ (या नासमझी) का डर लगा रहता है—बहरहाल।

पहले तो मैं वह समझा कि यह कविता तुमने अपने सूने क्षणों में अपने किसी प्रिय की स्मृति में सोची है—वह प्रिय जिसका वियोग उसके शबाब में हो गया और जो अपने वियोग की अमिट छाप तुम्हारे मन-हृदय पर छोड़ गयी है। कविता का पहला अंश उस स्मृति के सहसा कौंध जाने पर उस अवसर का वातावरण (कवि निर्मित ही सही) मनश्चक्षु के आगे ला खड़ा कर देता है—रंग में रूप में गंध में image में—यहाँ तक अगर सही समझा या फिर otherwise भी। यह खून के आसार क्या हैं?

कविता के दूसरे अंश में 'कौन उधर है...? और 'मैं तो नहीं हूं?' यह दूसरी पंक्ति का उत्तर है न? इन दोनों पंक्तियों या कि इन दोनों के बीच का अंश भी बहुत कुछ नहीं समझा कहूं, तो ठीक ही होगा। और फिर

'ओ मेरी बहार!
तू मुझको समझती है बहुत बहुत—तू जब
यूं ही मुझे बिसरा देती है,

से क्या तात्पर्य है कि यह आस्था ऐसी है कि वर्षों न मिलना न चिट्ठी लिखना भी मित्रों की अंतरंगता में ब्याघात नहीं पहुंचा पाता, उनकी आस्था, विश्वास, अडिग रहते हैं—उसी तरह का वह यूं ही बिसरा देना है।

फिर 'तुम आओ, गर आना है' में यह 'गर आना है' शर्त कैसी? और 'शे'र' में तुमको समाना है।' misprint तो नहीं है? मैं 'शेर' समझता हूं।

आगे तीसरे भाग में

'इस कोनो मकां में
तुम जिसकी हया हो
लय हो।'

में 'कोनो-मकां' और हया तात्पर्य स्पष्ट नहीं हुआ। उसी तरह 'दर्द की बेगाना रवी' भी नहीं समझा।

'जिसे हम तुम कहें' में कहें माने गयें या 'हम-तुम' वह सशरीर चीख बन जाय। और यह '(वह गीत तुम्हें भी तो याद होगा?)' का reference 'इक गीत मुझे याद है।' से है :

एक बास और–

कविता को तीन हिस्सों में क्यों बांटा है और उन्हीं स्थलों पर क्यों?

तुम हंसो और खीझो कि फिर क्या ख़ाक समझे। पर तुमसे मैं सब कुछ कह सकता हूं और उसी तरह सुनने की भी उम्मीद रखता हूं। जबाब दोगे।

..... Love
जगत

इलाहाबाद
28.2.58

कवि शमशेर का उत्तर आलोचक के नाम

जगत भाई-बहुत मेहनत कर डाली मेरी कविता के साथ।

वाह मियां...

अस्ल बात यह है कि यह कविता खुद मुझे बहुत प्रिय है, मगर कभी critically इसको नहीं देखा। अब तुम्हारा ख़त पढ़ता हूं तो उसके नुक्स भी समझ में आते हैं। नुक्स ही गिनाऊं? तुम्हारा मजा किरकिरा हो जाएगा। फिर भी देखो : 1. शैली की unity नहीं है; uneven है ('विषम है' में तो तारीफ हो जाएगी)। 2. कविता में संबोधित व्यक्ति शुरू से नहीं आता! 'खो दिया है मैंने तुम्हें' अब भी एक हल्का सा pang लिए हुए है मेरे लिये। –मगर... मैं उसी को बुला रहा हूं? कविता की अंदरूनी एकता कहीं बिखरी या टूटी हुई है।

कविता तीन मोड़ लेती है; बल्कि क़रीब क़रीब–'गीत' वाले अंश को भी अगर अलग करके देखो।

जब मैं शैली को uneven कहता हूं तो मैं rhythm ; या गति-लय में कहीं लग़जिश

नहीं देखता, और यह शैली भी मेरी भावनाओं के साथ बहुत ही स्वाभाविकता से अपना अंदाज़ बदलती जाती है; पर मेरी भावनाएं ही अपना स्तर बदलती या छोड़ती जाती हैं।

पहले हिस्से में एक नाकाम शबाब है। एक सुंदर यौवन पर क्षयी वातावरण किसी दिशा में छाया हुआ है। ज़ाफ़रान का पीलापन... ठण्डे पसीने... and so on मगर उसके साथ-साथ सौंदर्य की अनुभूतियां हैं, नाजुक और (ख़ासी) हरी। (मैं सिर्फ एक आह ख़ींच कर रह सकता हूं) 'खो दिया है मैंने तुम्हें।' वो जैसे आत्मा में किसी चीज़ का खो जाना है।

'आसार' पर मुझे नोट देना चाहिए था, मगर मुश्किल लगा; और फिर--हटाओ, मैंने कहा, कौन इसको समझने के पीछे पड़ेगा। और इस स्थल पर मैं पाठक को (ज़रूरी होने पर भी) टोकना नहीं चाहता था। वह अपनी साधना और कल्पना से जो कुछ और जैसे कुछ भी पकड़ेगा वह मूलतः सही होगा। 'खून के आसार' सामान्य प्रयोग की दृष्टि से गलत भी कहा जा सकता है। मगर मैंने कई images यहां मिला दिये। (confused metaphors ?) इस जगह पर अटकना या इसे बंदलना मेरे लिये बिलकुल संभव नहीं था, और बहुत ही definitive force के साथ यह टुकड़ा यहां आया; और एक तरह से गलत मान के भी मैं इसे बदलने के लिए तैयार नहीं। कविता के पहले हिस्से की खास पंक्तियों में से यह है as it is.। हां, तो, मैंने इसमें रखना क्या चाहा है? 'आसार' मैंने कदीम इमारतों की निशानियों के भावार्थ में लिया है; खंडहर। गो, हिन्दी पाठक 'निशानी या संकेत' के अर्थ में भी लें, तो कोई हर्ज नहीं। 'मुंद गई पलकों में कोई सुबह'--कोई ऐसा अछूता दृश्य, सौंदर्य का, प्रेम की अनुभूति का, जिसमें सुबह की सी लाली, ताजगी और व्यापकता थी। 'खून उस दृश्य को मेरी रगों में ले आता है; उस अनुभूति को वह मेरे रक्त से रंजित है।'

मगर अब उस दृश्य के केवल 'आसार' रह गए हैं क्योंकि--

खो दिया है मैंने तुम्हें!

इस पंक्ति में जो कुछ है वह इस पूरे सेक्सन के चित्रमय वर्णन के पीछे छिपा हुआ है।

इसी लिये सकून की तलाश।

दूसरे सेक्शन में : जैसे सब कुछ खोकर कोई जाकर दरिया के क़िनारे बैठ जाय और खोया हुआ लहरों की उछलती-गिरती बूंदों को एकटक देखता रहे और सोचता रहे... यह क्या हो गया! कहां हूं! यही लहरों का टूटना और बुलबुलों का तमाशा तो मैं नहीं हूं? एक परवश नाटक-सा।

इसके बाद ही सीधा संबोधन शुरू हो जाता है। भूल जाना, बिसरा देना वह प्वाइंट है जो यहां उभर उठा है और भावना को दिशा और विश्लेषण दोनों प्रदान करता है।

यहां यह विरोधाभास ही यथार्थ सत्य है:—मेरे आंतरिक जीवन का एक-एक कोना 'उसका' इतना समझा-बूझा हुआ है, कि जब वह 'बिसरा देती है' तो वास्तव में कुछ भी भूला बिसराया नहीं रह जाता। जैसे कोई बात और भी subconscious में उतर जाय, बस। तुमने बहुत ठीक लिखा है और मेरे स्वभाव के बिलकुल अनुरूप है (शायद अनजान में व्यंग्य भी हो) कि 'आस्था ऐसी है कि वर्षों न मिलना न चिट्ठी लिखना भी मित्रों की अंतरंगता में व्याघात नहीं पहुंचा पाता, उनकी आस्था, विश्वास अडिग रहते हैं—उसी तरह का यह यूं ही बिसरा देना है।' मगर कविता में यह बिसरा देना लगभग—भावना के एक दूसरे रुख़ से—इसका पर्याय भी है:—'खो दिया है मैंने तुम्हें।' यह भूल जाना, बिसरा देना आघात भी है; मगर सह्य इसीलिए है कि 'तू मुझको समझती है बहुत-बहुत।'

अस्ल में भावना में ही स्थित व्यक्ति अधिक वास्तविक हो उठे हैं; हैं। इसी लिये वह शे'र में, कला के सत्य में—जहां वह (कला) सौंदर्य को मूर्त करने का प्रयास करती है—बसे हुए हैं। ऐसा होता ही है।

इसी सिलसिले में 'शे'र' शब्द पर दो शब्द। शीन ऐन रे के उच्चारण में और शीन ये रे के उच्चारण में जो भेद है मैं उसके प्रति जरूरत से ज्यादा conscious हूं।

शीन ऐन रे है शे ए र, जिसमें ए व्यंजन है, स्वर नहीं, यानी ऐन, इसको शेऽर भी लिख सकता था; 'शे' और 'र' के बीच एक नामालूम सा विराम ही अपेक्षित है; इसी लिये बहरहाल मैंने 'शे' र' यही रूप पसंद किया।

इतना पत्र मैं अपनी रौ में लिख गया हूं, जबाब के तौर से। अब तुम्हारा ख़त देख कर देखता हूं कहां क्या और जोड़ना है।

पहले अंश का भाव तुमने बहुत सही व्यक्त किया है।

तुमने इतने गौर से कविता को पढ़ा है कि मैं हैरान हूं।

"कौन उधर है..." और 'मैं तो नहीं हूं?' यह दूसरी पंक्ति पहली पंक्ति का उत्तर है न?' हां, यही अर्थ निकलता है। यद्यपि, वह मैं तो नहीं हूँ में प्रश्न चिह्न नहीं है। स्थिति द्विविधा की-सी है जैसे मैं अपने आपसे इनकार कर रहा हूं—नहीं, वह मैं तो नहीं हूं।' क्योंकि वह 'नाटक-सा' होना मुझे गवारा नहीं है। मगर हूं दर अस्ल मैं वही।

यह तो इन पंक्तियों का संबद्ध भाव है। इस भाव के पीछे जो यथार्थ है, जिसने यह चित्र मेरे सामने ला खड़ा किया, वह और ही कुछ है—मगर कविता से उसका संबंध नहीं। अस्तु। (वह यथार्थ... वह मेरे लिये जहां मूर्त हो गया है, स्वयमेव, वह यह पंक्ति है : 'वह जल में...' यद्यपि वह 'दीवार ही है'—और यह प्रश्न 'कौन उधर

है?'...)

तुम आओ, गर आना है में 'गर आना है' शायद कविता के कुछ शिथिल होने का सबूत हो। पर , यह भी है कि यहां आकर संबोधन और direct भी है; यानी 'अगर जिंदगी में, जीवन में मेरा साथ देने के लिए आना है'—यह भाव है। 'मेरी कला में ही अगर तुमको गहराइयों तक जाना है तो मेरे जीवन का साथ दो; यों तो तुम मेरे शे'रों में बसी हुई हो ही'—कुछ ऐसे भाव हैं। (यह टुकड़ा कुछ कमजोर है, मैं महसूस करता हूं)।

तीसरा हिस्सा। 'घर' गृहस्थी के-से अर्थ में। 'हया' नारी का सर्वश्रेष्ठ गुण समझ कर मैंने उसी से समस्त देश-काल को भर दिया है। जो कि उसके आ जाने से गृहस्थी के घर जैसा हो गया है।

'दर्द की बेगाना रवी।' इसमें 2-3 चीजें हैं। एक तो 'क्रूरतटस्थता', जैसी प्रकृति के शाश्वत नियमों में होती है : तुम्हारा अपनाना एक Eternal Law जैसा होगा। दूसरे, संपूर्ण अपनाव की वह सहज स्वाभाविकता, जो अपनाव को व्यक्त करने की अपेक्षा नहीं रखती, इसलिये अपनाव का उलटा लगती है। तीसरे 'दर्द' को शाश्वत संज्ञा बनाकर उसका 'गुण' बेगाना रवी दिखाया है; वह तटस्थ क्रूरता लिये हुए होता है और दर्द प्रेम के संबंध का एक अभिन्न अंग है, मिलन में वियोग से कुछ कम नहीं। और जनाब बेगाना रवी माशूकों का मौलिक और अनन्य गुण होता है। आप जानते नहीं क्या? उसके बगैर...!

'हम-तुम।' तुमने ठीक लिखा है—'वह सशरीर चीख़ बन जांय।' 'कहें यानी कहा जाय, कहा जायगा, माना जायगा। 'हम-तुम' एक सम्मिलित व्यक्तित्व।

('वह गीत तुम्हें भी तो याद होगा?) का reference 'इक गीत मुझे याद है।' से ही है। ; इत्यलम्

बहुत स्नेह
शमशेर

खून के आसार मैं फिर भी सोचता ही रहा। 'आसार अच्छे नहीं नजर आते' बीमारी के आसार...' वगैरह में इस शब्द के जो अर्थ हैं (यानी, लक्षण चिह्न) वह भी काम दे सकते हैं; और संभवतः यही अर्थ लिये होंगे अधिकांश पाठकों ने। और ठीक तो है; क्या हर्ज है।

कवि का संपादकीय

वाग्द्वार

1. कविता : संस्कृति की सहज अभिव्यक्ति

आज भी 'कवि' अनास्था के बिखरे हुए जगत में सांस्कृतिक एकता का संदेशवाहक है। उसने कविता के माध्यम से नये युग की जटिल-ग्रंथियों को सुलझाने का व्रत लिया है। इसी कारण उसकी शक्ति भिन्न गुणात्मक जगत के मानव को पहचानने और उसकी भावना को अभिव्यक्त करने में सफल हो रही है।

'कवि' का प्रकाशन इसीलिए एक घटना है जिसके पीछे अफवाहों का एक लंबा इतिहास है : कि कविता विज्ञान के युग में अंतिम सांस ले रही है; कि सभ्यता के विकास के साथ नयी सांस्कृतिक संभवनाएं धुंधली हो रही है। मनुष्य के कल्पना-लोक की सारी बातें अब आंखों के सामने मूर्त हो चली है, और संस्कृति की अमूर्तता गहरे द्वंद्व में आ गई है। इसी कारण कविता का भाव-पक्ष शिथिल हो रहा है और 'बुद्धिपक्ष' जटिल। यानी आज का कवि गहराई में उतरना चाहता है। वह समाजदर्शी और आत्म-विश्लेषी हो गया है। नगर सभ्यता के कठोर जीवन ने उसे शिक्षा के संस्कार में खिन्न बना दिया है। उसे जीने के लिए ईमानदारी का रास्ता नहीं मिल रहा है। जो हर मनुष्य को संघर्ष के लिए अलगा रहा है। यह बौद्धिक युग की स्वाभ।।विकता है। विश्व की सभ्यता का विकास असंतुलित है। आज विज्ञान का विकास हर देश में एक सा नहीं है किंतु कुछ देशों के प्रयोगों का परिणाम सारे संसार को भोगना पड़ रहा है। इसीलिए मनुष्य और मनुष्य के एक देशों से दूसरे देशों में मिलने में शंका और भय का अनुभव बढ़ रहा है। यह भय ही आज के अंतर्राष्ट्रीय संकट का अनास्था का स्वर है, जिसने कवि की बुद्धि और हृदय को बांट दिया है। इस तर्क पर भी कभी आलोचक मनोरंजन को ही कला कहकर हृदय की दुहाई देते हैं और कभी पाठक को चमकाने के लिए बुद्धि की दुरुह राहों की सैर कराने को ही अपना नया अन्वेषण कह देते हैं, या कभी बेचैनी में यह और वह को बांट समन्वय करना चाहते हैं। किंतु ये तीनों रास्ते अधूरे और गलत है। कविता प्राचीन काल से संस्कृति की सहज अभिव्यक्ति मानी गई है। हर युग की सभ्यता के परिवर्तन को पहचानने का एक माध्यम कविता मानी गयी है। कवि अपने समय को रसमयी घोषणा करता है।

—संपादक

जनवरी 1957

2. कवि का 'स्व' और 'अंतःसुख'

आतप से व्याकुल पथिक को पेड़ की छाया सुख पहुंचाती है। युग की कठोरता में उद्विग्न आज का सजग कवि ऐसा ही पथिक है।

मनुष्य अपनी एषणा को हर क्षण तृप्त करना चाहता है। कवि सामाजिक प्राणी की तरह इन्द्रिय बोधो को महसूस करता है और औरों तक पहुचाता है। वह जमाने में सूत वित्त और लोक एषणा के लिए संघर्ष भी करता है। इनका अपनी गहरी सम्वेद्य-दृष्टि से वह अनुभव करता है। अनुभव-सामान्यता के कारण कवि, हमारा अपना सगा हो जाता है और उसकी सारी एषणाएं विविध माध्यमों द्वारा अनेक प्रकृतियों में विभक्त होकर सहृदय मात्र की हो जाती है। कवि की दृष्टि उसे हर स्थिति में सचेत करती चलती है, अपने और अपने जमाने के प्रति। यह शक्ति ही कवि का विश्वास है जो हर युग की अपनी वाणी के रूप में बाद तक गूंजा करता है। यही कवि को लोक से मिलाने वाली कड़ी है।

युग की संभावनाओं का दिग्दर्शन ही कवि का कार्य है और उसके साधन में चेष्टाशील जीवन की आंतर और बाह्य क्रियाओं का अनुरूप चित्रण ही उसका कर्म है। काव्य जीवन के प्रवाह का निष्कर्ष है जो कवियों के द्वारा व्यक्त होता है। आलोचक का काम यह देखना है कि कोई कवि अपने दूसरे समानधर्मियों से किस बात में विशेष है। आज की जीवनव्यापी जटिलताएं नई भाषा-भंगीमां द्वारा उद्घाटित हो सकती है। प्राचीन साहित्यिक प्रतिमान आधुनिक हृदय को प्रभावित और स्तब्ध तो कर सकते हैं परंतु उसका पूर्ण समाधान नहीं कर सकते। कारण, कवि का 'स्व' या 'अंतःसुख' उसके काल का ही प्रतिबिंब होता है; जिसका वह शोभा के लिए लोकमान्य अलंकार रस, और छंद के माध्यम से उपयोग करता है। यही वजय है कि परंपरागत उपलब्धियों का अनुधावन ही नया कवि नहीं कर रहा है, बल्कि नया संस्कार भी दे रहा है। कवि अखंड सत्यों से कहीं व्यापक पूर्ण व्यक्तित्व की नींव रख रहा है। आज, जमाने के जर्रे-जर्रे को वह अपनी सत्ता में महत्वपूर्ण मान रहा है। वह न तो अपनी कुंठा से खोखला बनना चाहता है और न ही अपने रटे-पिटे वक्तव्यों से जागरूक।

'कवि' के कवि जमाने के अधिक निकट और उसकी तीव्र अनुभूति को दिखाने का यत्न करते हैं। पेड़ की घनी छाया के नए संस्कारी कवि स्वस्थ हैं, सुबुद्ध हैं, और विश्वासी।

—संपादक

फरवरी 1957

3. मुक्तछंद की संभावना

दूसरे महायुद्ध की बौद्धिक कड़वाहट ने मुक्तछंद की गति और यति को प्रभावित किया। योरोपीय और अमरीकी कवियों ने उसे कला का रूप दिया। उसके कला-प्रकारों में परुष तथा रुग्ण विचार-धारा का गहरा प्रभाव है। मुक्तछंद मात्रा, वर्ण, गति, यति आदि, छंदःप्रकृति के मौलिक आधारों के साथ साथ भाव लय का आश्रित है।

हिन्दी में मुक्तछंद का प्रयोग और विचार निराला जी ने आरंभ किया। उनका मुक्तछंद पद्य को गद्य के काफी निकट ले आया है। यों निराला, पंत और प्रसाद ने छंदों के सामर्थ्य के अनुसार इसकी गति और यति पर बल दिया। किंतु 'परिमल' से 'अणिमा' तक निरालाजी ने भाव-प्रबलता से प्रेरित स्वच्छंद कल्पना से, मुक्तछंद की नाना अर्थ-भूमियों पर काव्य का प्रसार किया। इनके स्वरों के गुणों की भाव-भूमि पर नए कवियों के कला-प्रकारों (मुक्तछंद) का विकास हुआ। उस प्रवाह में लिरिक पद्यकारों में बच्चन, सुमन, आदि के मुक्तछंद, सपाट, फैले-बिखरे, और कलाहीन हैं। पर अज्ञेय के आरंभिक मुक्तछंद प्रायः प्रलंबित वाक्यों वाले तथा धारावाहिक होते थे, धीरे-धीरे उनमें संलापोचित स्वरपात और यति का समावेश हुआ। और शमशेर के मुक्तछंदों की यह विशेषता होती है कि छिन्न चरण की यति के बाद की रिक्तता में प्रायः स्वर के भराव से पूरा करने की आकांक्षा निहित होती है। जगदीश ('द्वाभा' 46) के मुक्तछंद में गद्य-स्वरों की समःस्वरता है। प्रभाकर माचवे और मुक्तिबोध के मुक्तछंद में स्वरपात, मराठी भाषा का है। प्रलंबित वाक्यों वाले तथा धारावाहिक मुक्तछंद नागार्जुन के हैं; जहां भाव-परिष्कार संस्कृत का और सहजता मैथिल भाषा की है। त्रिलोचन ('धरती' 45) बातचीत के लहजे से मुक्तछंद से संलापोचित स्वरपात और यति का समावेश देते हैं। डा. रामविलास शर्मा के मुक्तछंद में नाटकीय-भंगिमा और उदात्त स्वरों का समावेश है। केदारनाथ अग्रवाल के मुक्तछंद कथन-भंगिमा में औरों के अलग है। नरेन्द्र शर्मा और गिरिजा कुमार माथुर के मुक्तछंद यौवन के विपुल भावों को यथोचित् स्वरताल में प्रस्तुत करते हैं।

मुक्तछंद की नई कविता-धारा की उपलब्धि, उसकी व्यापकता, संतुलन और सहजता में है। जहां कुछ कवि रोला, सवैया, घनाक्षरी और ग़ज़ल आदि प्रचलित छंदों के अंतःलय का मुक्तछंद के विधान में प्रयोग कर रहे हैं, वहीं कुछ लोकगीतों की सहजता से मुक्तछंद का आंतरिक संबंध जोड़ते हैं।

—संपादक

मार्च 1957

4. काव्य पाठ

अच्छा कवि, अच्छा काव्य-पाठ दे यह जरूरी नहीं। साधारण कवि भी हाथ या मुख की मुद्रा तथा गले से श्रोताओं को मुग्ध कर सकता है। ऐसे श्रोताओं की रुचि मजाक और रोमानी गीतों को सुनने की रहती है। इस रुचि के पोषक कवि, कवि-सम्मेलन के निमित्त ही रह जाते हैं। बच्चन न चाहने पर भी 'मधुशाला' सुनाते ही हैं। कवि-सम्मेलन के श्रोता, कवियों के विकृत नाम और चौंकानेवाली बातों पर हंसते हैं, या गले के प्रभाव से दो एक रोमानी उक्तियों पर लहालोट हो जाते हैं। इन कवियों के पास काव्यवस्तु की एकरसता है, विविधता नहीं।

काव्य पाठ अभिनय के निकट है। गीत को लहरानेवाले नीरज, बच्चन आदि कवि, रंग-मंच की पद्धति से वक्तव्य देनेवाले दिनकर, सुमन, शील, अलीसरदार ज़ाफरी आदि कवियों के काव्य-पाठ से कुछ ही बातों में अलग हैं। निराला जी की 'राम की शक्ति पूजा' का सान्द्र और विविध स्वर इन कवियों में नहीं है। वीरता या प्रेमाभिनय के लिए, हाथ और मुख की सहायता ये कवि भी लेते हैं, पर स्वरों की नाटकीयता से दो चरित्रों का भिन्न-मधुर और कठोर स्वर—गीतकार-कवि (शास्त्रीय नहीं) काव्य-पाठ से अलगा नहीं सकते, न बातचीत के लहजे का 'कुकुरमुत्ता' जैसा कहन इन कवियों के काव्य-पाठ में आता है। निराला जी की काव्य-वस्तु अनेक भावदशाओं में संक्रमण करते रहते के कारण वैविध्यपूर्ण है, जिसे संवादों की योजना अधिकाधिक स्पष्ट करती है।

भवानी प्रसाद मिश्र काव्य-पाठ से बातचीत की स्वाभाविकता लाते है। स्वरों का उतार-चढ़ाव भावों के अनुरूप होता है। शमशेर, अज्ञेय, बालकृष्ण राव तथा केदार नाथ सिंह अवश्य भावों के उतार-चढ़ाव में स्वराघात देते हुए अपने स्वतंत्र स्वरों से पढ़ने के अभ्यासी हैं। ज्यादातर प्रयोगवादी कवि नये गवैया के समान एक ही चढ़ान में काव्य-पाठ करते हैं, जहां भाव का पता नहीं रहता।

काव्य-पाठ का संबंध कविता की वस्तु और ईषत् अभिनय के साथ-साथ श्रोता के संस्कार से भी है। श्रोताओं की रुचि को नये कवि बदल नहीं पाए हैं, न तो विवरणात्मक दीर्घ कविता के भावों को नया कवि काव्य-पाठ की नाटकीयता से श्रोताओं तक आकर्षक रूप में पहुँचा सका है और न कथात्मक कविता के चरित्रों के व्यक्तित्व को यथास्थित उभारने में सफल हुआ है। भावों की गंभीर और मार्मिक अनुभूति को काव्य-पाठ के सहारे श्रोताओं तक नहीं पहुंचाया पाया है नया कवि। पश्चिम में काव्य-पाठ के सम्मुन्नत होने के कारण, वहां की प्रशिक्षण पद्धति है, जिसकी ओर हमारे यहां ध्यान भी नहीं दिया जाता। नए कवियों का कार्य इसी दिशा में आगे आने का है।

—संपादक

अप्रैल 1957

5. नयी कविता : नए प्रश्न

व्यक्ति और समाज के असामंजस्य की समस्या ही आज की कविता का नया प्रश्न है। परिस्थितियों की विषमता से कवियों के मन में अंतर्द्वंद्व है। ऐसे, अंतर्द्वंद्व से जीवन में शक्ति और सजीवता आती है।

जिस नये कवि ने सामाजिक असामंजस्य को जितनी ही ईमानदारी से अभिव्यक्त किया है वह उतना ही ऊंचा उठा है। लेकिन जिनके लिये यह युग ही आस्थाशून्य है; उनकी रचनाओं में भय और दुराशा; अपने भविष्य के प्रति है, जन आंदोलन के प्रति है, और परंपरा से है। पर नया कवि अपने दुखमय जीवन को बदलने के लिए बड़े से बड़े बलिदान करने को तैयार है।

संकल्प के साथ जातीय विकास का युद्ध दिखलाना दार्शनिक कवि का काम है।

शुक्लजी के लिये : 'अभिव्यक्ति के क्षेत्र में स्थिर सौंदर्य और स्थिर मंगल कहीं नहीं; पर सौंदर्य की गति भी नित्य और अनंत है और मंगल की भी। गति की यही नित्यता जगत् की नित्यता है।'' नयी कविता के विकास की यह एक जातीय समस्या है।

नयी कविता में प्रतिबिंबित यथार्थ को रखने के लिये समाज की जानकारी इसीलिए आवश्यक है। पर उन आलोचकों की सप्तसूत्रीय योजनाओं में नये कवियों के प्रश्नों का हल नहीं है–जो नये कवि को समझने से अधिक अपने सिद्धांतों से नयी कविता को पढ़ने के अभ्यासी हो चुके हैं।

नए काव्य-संस्कार, व्यक्तिगत, पारिवारिक और सामुदायिक समस्याओं से ही उपस्थित होते हैं क्योंकि समाज के अवयवों में परस्पर असामंजस्य ही सामाजिक समस्या का रूप हो जाता है। दो-चार व्यक्तियों या दलों के निर्णय को सामाजिक समस्या नहीं कहा जा सकता। नया कवि नई सामाजिक समस्या का रूप है।

नया कवि, कविता की विषयवस्तु और कला की एकता पर विश्वास करता है। आज की सभ्यता के उपकरण उसकी कविता के शिल्प का माध्यम है; और संस्कृति के जातीय विकास से उसे काव्य-संस्कार के प्रश्न मिले हैं। इसीलिए भिन्नगुणात्मक जगत की वैविध्यपूर्ण भावदशाओं के चित्रण में वह सफल होना चाहता है।

नयी कविता आज के संघर्ष की अभिव्यक्ति है। नये कवि के लिए यह युग आस्थाशून्य नहीं है।

–संपादक

मई 1957

6. नयी कविता : पुराने आलोचक

ऐसे आलोचक जिन्हें हर नई प्रवृत्ति अनुकरण और हर नया वाद अनुवाद कहने का मर्ज हो गया है; कभी नयी कविता को सहानुभूति देने के लिए अपना अभिमत प्रकाशित कराते हैं, कभी उसकी नवीनता से चिढ़ कर उसका मज़ाक बनाते हैं और कभी अपने सिद्धान्तों के आग्रह से कविता के भविष्य से ही निराश हो जाते हैं। इन आलोचकों को नयी कविता की वृत्ति और भाव के प्रति आस्था नहीं है।

पुराने आलोचक प्राचीन काव्य को समझने के लिए अभ्यास करते हैं, टीकाएं देखते हैं, अर्थ लगाते हैं, संदर्भ ग्रंथें का अध्ययन करते हैं, लेकिन नयी कविता को जन्मते ही नासमझ सिद्ध करने लगते हैं। इसका कारण एक यह भी है कि आधुनिक जीवन से पुराने आलोचक दूर जा पड़े हैं। नये विश्वासों से उनका लगाव नहीं है। नई सामाजिक जटिलताओं का उनके पास हल नहीं है। व्यवसायी-आलोचक नयी कविता में आत्मीयता नहीं पा रहे हैं। पुराने आदर्शों और प्राचीन संस्कारों के कारण उनका मन आशंकित है। वे यह मान ही नहीं सकते कि किसी देश की नवीन काव्य-प्रकृति उस देश की ही संघर्षशील जातीय संस्कृति की उपज है।

नया कवि क्या पढ़ता है क्या नहीं इसकी चिंता उन्हें अधिक है जिन्हें जीवन की नई स्थिति का ज्ञान नहीं है। वे भारती काव्य-शास्त्र से आधुनिक काव्य-प्रणाली का बेजोड़ समन्वय तो चाहते हैं; लेकिन नई सहृदयता क्या है? नये भाव प्रसूत चित्र क्यों स्पष्ट है? जनभाषा और नयी कविता की भाषा का सीधा और गंभीर स्वभाव क्या? नये काव्य की आत्मा क्या? नये कवि की आत्मीयता का वातावरण क्या है? और ऐसा कुछ अनुप्राप्त, तुक, संगीत के बावजूद 'नयापन' क्या है? ऐसे प्रश्नों का उत्तर पुराने आलोचकों के पास नहीं हैं।

नयी कविता ऊपर से थोपे हुए निर्देशों में विश्वास नहीं रखती, चाहे वह नयी कविता के प्रचारकों का आदेश हो, या पुराने आलोचकों का। वह छायावाद का विकास है, ह्रास नहीं। नयी कविता में जिसे 'असामान्यता का आकर्षण' समझा जा रहा है वह नई सामाजिक चेतना का विकास है। विचार में दोष सिर्फ दृष्टि और कोण का है। हम उसे कैसे और कहां से देख रहे हैं।

—संपादक

जून 1957

7. निराला और उनके बाद

निराला ने एक साथ हिन्दी कविता के भाव-सौंदर्य और नाद-सौंदर्य को समृद्ध किया। उनकी काव्य--वस्तु अनेक भावदशाओं में संक्रमण करते रहने के कारण वैविध्यपूर्ण है। नयी कविता के विकास की अनेक धाराओं का मूल निराला का काव्य ही है। नयी कविता के कवि उस धारा के ही नये व्यक्तित्व हैं। अज्ञेय का कथा और संवाद-शैली पर विकसित मुक्त-गद्यमय-काव्य निराला के काव्य का विकास है। व्यंग्य में निराला की तीखी स्पष्ट और कटुक्ति नागार्जुन के काव्य का प्रधान स्वर है। संस्कृत की स्रोत-शैली को निराला के बाद नागार्जुन ने आज के भावों में उपस्थित किया। त्रिलोचन और रामविलास शर्मा की कुछ कविताओं में निराला की सामाजिक चेतना का दृढ़ और उदात्त स्वर विकसित हुआ, जिसके कारण निराला क्रांति-कवि कहे जाते हैं। त्रिलोचन ने छंदों में अरुद्धचरणांत वाक्य का प्रयोग निराला के बाद मुख्य रूप से किया। मुक्त छंद में अरुद्धचरणांत वाक्य का प्रयोग निराला के नाद-सौंदर्य को ध्यान में रखकर शमशेर, अज्ञेय और नागार्जुन के (मेघदूत के अनुवाद) काव्य में मिलता है। इसी तरह जीवन और जगत के द्वंद्व की दार्शनिक-प्रवृत्ति निराला के साथ मुक्तिबोध की लंबी कविताओं में भी दीखती है। मुक्तिबोध के काव्य का मानसिक-द्वंद्व नयी कविता में उग्रव्यक्तिवाद और क्लिष्ट-बौद्धिकता के दो भिन्न स्तरों में पाया जाता है। गिरिजाकुमार माथुर प्रकृति और प्रेम-प्रसंगों के कवि हैं। निराला के काव्य का एक यह भी स्वर है। केदार अग्रवाल के देहाती भदेसपन में लोक-संस्कारी गीतों की सहजता निराला के होली, चैता, लावनी आदि लोकगीतों सी ही प्रसादगुणयुक्त है। निराला के शास्त्रीय गीतों की प्रतिध्वनि हमें जानकीवल्लभ शास्त्री के गीतों में मिलती है। नयी कविता का गीत-तत्व इससे भिन्न लोक भाषा के बातचीत के लहजे के निकट है; जिसे 'परिमल', नये 'पत्ते', 'बेला', और 'अणिमा' के कुछ गीतों का विकास कहा जा सकता है। 'कुकुरमुत्ता' के बौद्धिक-काव्य का पूरा प्रभाव प्रभाकर माचवे के ''रुखे से व्यंग और फीकी सी कटुता'' में मिलता है, जो उनकी शैली का गुण है। नयी कविता की ऐतिहासिक और पौराणिक कविता का विकास प्रसाद और निराला की काव्य-भूमि पर ही हुआ है। रामविलास शर्मा, त्रिलोचन, नागार्जुन, गिरिजाकुमार माथुर के प्रयोग इस दिशा में महत्वपूर्ण हैं। नकेनवादियों (प्रपद्यवाद) की काव्यगत बौद्धिक चेतना का सीधा प्रभाव तो कमिंग, एजरापाउंड और टी.एस. इलिएट से ही हैं, लेकिन उनकी काव्यगत उपलब्धि निराला के प्रयोगों के निकट अधिक हैं। इसीलिए निराला नये काव्य का मानदंड हैं, और नये कवियों के कवि हैं।

—संपादक

जुलाई 1957

8. नए प्रेमोद्‍गार पूर्ण प्रगीत-मुक्तक (Lyrics)

आज के प्रेमोद्‍गार पूर्ण प्रगीत मुक्तकों में सौंदर्य का नया बोध है। न तो अंचल, नैपाली, शम्भूनाथ सिंह का यहां रूपवादी प्रेमावेश है और न ही कुछ प्रगतिशील कवियों की नारी के प्रति मार्क्सवादी उपेक्षा-भावना। एक में, उच्छ्‍वास और उच्छृंखलता है, और दूसरे में दुराव। नया कवि स्वस्थरूप प्रेम की जीवन-क्रिया और जीवन-के स्पंदन का कवि है।

बच्चन, नरेन्द्रशर्मा, कुछ अर्थों में गिरजाकुमार माथुर तथा शेरजंग में स्त्री पुरुष के माध्यम से जो व्यक्त होता है वह इन्द्रियबोध का सौंदर्य ही नहीं है, प्रस्तुत कर्म और मनोवृत्ति के सौंदर्य की मार्मिक चेतना भी है। Classic और Romantic की जमीन पर विकसित त्रिलोचन, नागार्जुन, जानकीवल्लभ शास्त्री, और नरेशमेहता की प्रेमोद्‍गार पूर्ण प्रगीत-मुक्तक की मनोवृत्ति का सौंदर्य आज की भावना और शक्ति का सौंदर्य-बोध है।

शमशेर और अज्ञेय के प्रेमोद्‍गार पूर्ण प्रगीत-मुक्तक की विशेषता नयी संगीत-मयता में हैं। इन में भावनाओं की अन्विति (Unity) और अनुभूति की सच्चाई (Sincerity) है। छोटे रूप में शब्दों की परख और अर्थों का नया संस्कार है। टेक, तुक और सामासिक-पदों के पुराने प्रयोगों की जगह नया कवि जीवन की लय को महत्व देता है। बिंब-स्थापन इनके काव्य की प्रधान वस्तु है। इसीलिए नये प्रगीत मुक्तक की लय को शास्त्रीय संगीत के आलाप और छंदों की ध्वनि से अलगाना आवश्यक है। इनके प्रेम में नारी-पुरुष के व्यक्तित्व का अंतर्विरोध है, साथ ही आज के कटु-कठोर जीवन में सामंजस्य की भावना का विकास भी है। इनमें प्रेम की विभिन्न मनोदशाओं का "साक्षात्कार भावना या कल्पना (Imagination) द्वारा होता है और रसात्मक अनुभूति भाव (Emotion) द्वारा।"

रघुवीर सहाय, केदारनाथ सिंह, दुष्यंतकुमार, कुंवरनारायण, अजित, आदि का प्रेम मन का घनिष्ट संबंध है। इनके गद्यलय, बिंब और प्रतीक प्रेम-व्यंजना द्वारा सांस्कृतिक सामंजस्य उपस्थित करते हैं। कैशोर भावुकता, व्यक्तिवादी कुंठा, और आत्मरति के ये कवि शिकार नहीं हैं यही इनके स्वास्थ्य का प्रमाण है। लोकजीवन के प्रेम-प्रसंगों की सामुहिक अनुभूति ठाकुरप्रसाद सिंह के संथाली मुक्तक-चित्रों में मिलती हैं।

प्रपद्यवादी प्रेम-प्रगीत-मुक्तक बौद्धिक है। नारी-पुरुष के असामंजस्य की समस्या पर व्यंग और प्रेम-प्रसंगों के संकेत-बहुल स्तर-भेदों का चित्रण ही इनकी विशेषता है। नया प्रेमोद्‍गार पूर्ण प्रगीत-मुक्तक हिन्दी कविता की उपलब्धि और संभावनाओं का विकास है।

—संपादक

अगस्त 1957

9. व्यंग्य-काव्य : विचार का एक पहलू

नया कवि अपनी व्यंग कविताओं में असमर्थ है। उसके व्यंग्य का समाज से प्रत्यक्ष संबंध नहीं है। उसकी जिंदगी बंधे हुए जल की तरह शिथिल है। जमाने की विचारधारा का वेग वह जानता है, लेकिन 'पब्लिक की झकझक' को उनका मन स्वीकार नहीं करता है। कवि का व्यक्तित्व इस स्थिति को झटक कर आगे नहीं आ रहा है।

भारतेंदुयुगीन कवियों में जिंदादिली थी। उनके युग के साधारण व्यंग्य में कुछ विशिष्ट अर्थ था। उनकी जमाने की सचाई और खूबसूरती कलाम में अधिक थी। काव्य-प्रयोग और समाज के कटु अनुभव में निरालाजी पूरे छायावादियों में अलग व्यक्तित्व बना लेते हैं। विचारों की स्वाभाविकता और दृष्टि की सतर्कता से उनकी कविता में उस्तादाना रंग आ गया है। यों उर्दू-हिंदी की जमीन पर आज भी महाकवि अकबर व्यंग्य के उस्ताद हैं।

बेढ़ब बनारसी, चोंच, बेधड़क बनारसी आदि व्यंग्य-कवियों का जमावड़ा अब व्यंग्य लिखना छोड़ चुका है। काव्य-शिल्प और विचारों में वे द्विवेदी-युग के थे और हैं। इसके विपरीत धारा में लोककवि और नई सामाजिक, राजनीतिक प्रवृतियों के पढ़ीस, रमईकाका, श्रीनन्दन, नागार्जुन, डा. रामविलास शर्मा, भैय्याजी बनारसी, और भारतभूषण अग्रवाल की नई जमात व्यंग्य-काव्य में जमाने की तबाही, उपेक्षा, और घृणा से बने वर्ग-संघर्ष के करुण चरित्रों को उभारती है। नागार्जुन के व्यंग्य में जन-साधारण की सतर्क दृष्टि है। व्यंग्य से वह नश्तर का काम लेते हैं। लेकिन सीधे गाली आदि की जमीन पर नागार्जुन, सर्वेश्वरदयाल और विजय देव नारायण साही की कविताएं भी हल्की और छिछली हो जाती हैं। कवि मानव-उद्देश्य के व्यापक चित्रण से हटकर दलगत प्रचार में छोटा हो जाता है। जमाने की प्रगति के बावजूद वह ओज और शक्ति की भाव-भूमि में निरालाजी से ऊंचा नहीं उठ पाता है।

अपने व्यक्तिगत विचारों का मज़ाक उड़ाना कवि के लिए कठिन है। लेकिन भारत भूषण अग्रवाल, त्रिलोचन और कहीं-कहीं प्रभाकर माचवे, नलिन विलोचन शर्मा तथा विजयदेव नारायण साही के काव्य में इसकी झलक मिल जाती है। अग्रवाल का लिमरिक और त्रिलोचन के सानेट इस दिशा में सफल प्रयोग हैं।

भाषा और भावों में समर्थ कवि व्यंग्य की नई प्रवृत्तियों का परिचय देता है। नया कवि जीवन की अनुभूतियों में आधुनिक होते हुए भी अपने 'स्व' और 'अन्तःसुख' में उदार नहीं हो सका है। यही वजह है कि जिंदगी की रंगत अभी उनके अनुभव से फूटकर उसे व्यापक नहीं बना रही है।

—संपादक

सितंबर 1957

10. पंतजी की संघर्ष-चेतना

'नयी काव्य चेतना का संघर्ष' (आकाशवाणी) में छायावादी कविता आदि का उल्लेख करते हुए पंत जी ने लिखा है : "नयी कविता का आरंभ मेरी समझ में छंद भाव बोध आदि सभी दृष्टि से छायावाद-युग से होता है। भाव पक्ष को वह वैयक्तिक निधि मानता है। उसकी सार्वजनिकता, उदारता, एवं गांभीर्य की ओर वह आकृष्ट नहीं। भावों एवं मान्यताओं की दृष्टि से नयी कविता अभी अपरिपक्व, अनुभवहीन, तथा अमूर्त है। ...आज जो वह एक सार्वदेशीय संस्कृति तथा विश्वमानवता एवं नव मानवता का प्रश्न है उसकी ओर उसकी रुझान नहीं है। ... वह अंधकार में कुछ टटोल भर रहा है। ... संप्रति राजनीतिक तथा सांस्कृतिक दृष्टि से 'विश्वचेतना में धीरे चलो' का युग आ गया है, जो प्रचलित शब्दों में शीतयुद्ध का युग कहा जाता है। ... उसे विशेषीकरण से मोह है। वह प्रतीकों, प्रतिबिंबों तथा विधियों और शैलियों को जन्म दे रही है। वह अति वैयक्तिक रुचियों की तथ्य युक्त तथा आत्ममुग्ध कविता है। छंद की दृष्टि से नयी कविता ने कोई महत्वपूर्ण मौलिक प्रयोग नहीं किए हैं। अधिकतर छंदों का अंचल छोड़कर तथा शब्दलय को न समझ सकने के कारण वह अर्थलय अथवा भावलय की खोज में—जो छायावाद की कविता में शब्दलय के अतिरिक्त अपनी स्वतंत्र सत्ता रखती रही है, लयहीन, स्वरसंगीतहीन और प्रायः ऊबड़ खाबड़ गद्यबद्ध पंक्तियों को काव्य के लिबास में उपस्थित कर रही है, जो बहुधा भावाभिव्यक्ति करने में असमर्थ प्रतीत होती है।"

यहां पंत जी नयी कविता में 'भाव' और 'रूप' के सौंदर्य का सामंजस्य देखते हैं, लेकिन 'नयी कविता' (अंक 1, 1954) में कहते हैं : "नयी कविता ने मानव-भावना को छायावादी सौंदर्य के धड़कते हुए पलने से बलपूर्वक उठाकर उसे जीवन-समुद्र की उत्ताल लहरों में पेंग भरने को छोड़ दिया है,... नयी कविता विश्व वर्चस्व से प्रेरणा ग्रहण करके तथा आज के प्रत्येक पल बदलते हुए युग पट को अपने मुक्त छंदों के संकेतों की तीव्र-मंद गति-लय में अभिव्यक्ति कर, युग मानव के लिए नवीन भावभूमि प्रस्तुत कर रही है।" "नई कविता अपनी शैली तथा रूप-विधान में जहां अधिक मौलिक, वैचित्र्यपूर्ण तथा वैयक्तिक हो गई है। वहां अपनी भावना में अधिक रागात्मक तथा मानववादी बन गई है।"

यदि ये दोनों बातें सच हों तो मानना पड़ेगा कि नये कवि को जीवन और काव्य का ज्ञान तो है, लेकिन किसी सार्वदेशीय संस्कृति (शायद अरविंदवाद) की ओर उसकी रुझान नहीं है या फिर यह मानना पड़ेगा कि पंतजी भावप्रवणता में उलटवांसी कह गए हैं।

—संपादक

अक्टूबर 1957

11. नये प्रतिभाशाली कवियों की द्वंद्वात्मक भावना

हिन्दी में 'नये आने वाले प्रतिभाशाली कवियों' को 'प्रतिस्थापित' करने का प्रश्न आकस्मिक नहीं है। निराला, पंत, प्रसाद के काव्य प्रयोगों का महत्व कहीं आज स्वीकार किया जा रहा है। कविता की भाषा, छंद, लय और भाव पर अभी तक समुचित दृष्टि से विचार का समय नहीं आया है।

'तार सप्तक' के कवि छाया-प्रगति-प्रयोग की जमीन पर 'काव्य-क्षेत्र के अन्वेषी' थे। लेकिन 'दूसरे सप्तक' के कवि का स्वभाव, छायावाद-प्रगतिवाद तथा समसामयिक हिन्दी कवियों से भिन्न था। 'सप्तकों' के बाहर भी कवियों की एक पीढ़ी थी जो 'वाद' विशेष में रहकर या बाहर से नये काव्य-सौंदर्य पर सोच रही थी। इसी पीढ़ी का बीज 1954 में 'नयी कविता' (इलाहाबाद) और 'कविता' (पटना) पत्रिकाओं के रूप में अंकुरित हुआ। इस काव्यगत नवीनता से हिन्दी में पाठकों का एक वर्ग तैयार होता है, जिसका प्रचार गलत दिशाओं से हुआ लेकिन विकास सहज जीवन में हुआ। नये कवियों में एक द्वंद्व है, जो आज के कवि को पुराने कवियों के संस्कारों से, काव्य सौंदर्य से अलग करता है। समाजशास्त्री जिसे व्यक्तित्व कहते हैं—दो पीढ़ी का व्यक्तित्व।... आज के बहुत से कवि अपने भिन्न स्वभाव का अभिमान करते हैं किंतु वे भूल जाते हैं कि विकसित और संपन्न व्यक्तित्व के द्वारा ही कविता में सार्वभौम मूल्यों का विकास होता है। मनुष्य का स्वभाव नहीं बदलता किंतु उसका व्यक्तित्व, जिसमें उसके सहज और आगंतुक अर्थात् जन्मना प्राप्त और कर्मणा अर्जित दोनों प्रकार के गुण सम्मिलित होते हैं—बराबर बदलता रहता है। यह जन्मना प्राप्त और कर्मणा अर्जित गुण ही किसी कवि का संस्कार है। 'व्यक्तित्व को दिन प्रति दिन व्यवहार में अभ्यास का अवसर न मिले तो वह संकुचित और विकृत हो जाता है।' 'नये कवियों में अधिकतर संकुचित और विकृत व्यक्तित्व के कवि हैं जिन्हें लोक-हृदय की पहचान नहीं है। मगर ऐसे कवि आज की मनोवृत्ति, आचरण और आदर्श को 'तर्क' और 'बौद्धिकता' के भ्रम में नहीं समझ पाते। 'आधुनिक काल की एक विशेषता यह भी है कि आजकल कर्तव्य बड़े अनिश्चित रहते हैं और उनका परिवर्तन बड़ी तेजी से होता है।' लेकिन अनिश्चय की स्थिति विकसित और संपन्न व्यक्तित्व को 'चिंतक' बनाती है। द्वंद्व में उसे टूटती हुई मान्यताओं का संकेत मिलता है। ऐसा कवि सुख-दुखों की मार्मिक अनुभूति को कलात्मक ढंग से उपस्थित करता है। उसका मर्म व्यक्ति-मन का अंतर्द्वंद्व है जो सामाजिक अंतर्द्वंद्व की छाया है। द्वंद्वात्मक भावना की अभिव्यक्ति प्रतीक का रूप ले लेती है। शहरी जीवन की अधमता, निम्नकोटि की सेक्सभावना, नैतिकता का आरोप आधुनिक काल का अनिश्चित कर्तव्य है। लेकिन 'विकसित और संपन्न व्यक्तित्व का कवि एक ही व्यक्ति के मन की भिन्न मनोदशा की कविता में टूटती हुई कड़ी को आंतरिक सूत्र से जोड़ता चलता है।' दूसरे

शब्दों में, 'हमारा व्यक्तित्व हमें अपने मानव-बंधुओं तथा उसके द्वारा विकसित समस्त समुदायों और संस्थाओं से जोड़ता है।' नये कवियों के बिंब टूटे बिखरे और असंबद्ध होने पर भी वस्तुगत एकता से जुड़े रहते हैं। नयी कविता में बिंबों और प्रतीकों की विशेष योजना से एक खास तरह के विचारों का संगीत या सांकेतिक कविता की प्रवृत्ति मिलती है। सघनतम संवेदनाओं का नया कवि गंध, संगीत और रंग का पारखी है। ऐसे कवि में काव्यगत सजगता होनी चाहिए और शांत विश्लेषणात्मक तटस्थ दृष्टि।

इक पुस्तक का एक विशेष स्तंभ : विवेक : एक कविता पर दो पत्र है। जिसमें श्री जगत शंखधर की सहानुभूति पूर्ण जिज्ञासाओं का कवि द्वारा समुचित समाधान है। हमारा विचार है कि यह पत्र और उत्तर आधुनिक कविता की समस्या को भी बहुत दूर तक सुलझाता है। 'कवि' का यह अंक नयी कविता के चिंतन और भाव के स्पष्टीकरण का एक प्रयास है।

'कवि' एक वर्ष पूरा करके दूसरे वर्ष में चल रहा है। सुरुचिपूर्ण पाठकों, मित्रों और विद्वानों ने उसे सहयोगी पत्रों में विशेष महत्व दिया। उसकी काया, योजना और भावना की दृष्टि से नवीनतम रचनाओं को विश्लेषण और व्याख्या-सहित पाठकों तक पहुंचाने का उत्तम माध्यम माना। यह सब कहने का हमारा अभिप्राय 'कवि' की प्रशंसा-ज्ञापन नहीं है, बल्कि बीते वर्षों के अनुभव से हम नए वर्षों के लिए आत्मविश्लेषण करना चाहते हैं। दलगत प्रचार की नीयत 'कवि' की कभी न थी, और आगे भी न रहेगी। कवि जो कुछ अपनी विशिष्टता बना सका है उसका श्रेय नई पीढ़ी का बल है। राष्ट्रीय सरकार से और हिन्दी (राष्ट्र) भाषा की बड़ी-बड़ी संस्थाओं से 'कवि' को सहयोग न मिला और न उसके लिए उसने विशेष प्रयत्न किया। लेकिन एक प्रगतिशील कविता की पत्रिका की आवश्यकता हम सभी महसूस करते रहे हैं। कवि का एक ऐसा उद्देश्य है जो आज की कविता के पाठकों की रुचि का उन्नयन और परिमार्जन करने में सफल हों। हमें विश्वास है कि कवि आपके सहयोग से आगे बढ़ता रहेगा।

—संपादक

जनवरी, फरवरी, मार्च 1958

'कवि' और उसके दस विशिष्ट कवि

रजत कृष्ण

स्वतंत्रता प्राप्ति के बाद से अब तक देश की साहित्यिक पत्रकारिता को नई दिशा और गति देने वालों में एक नाम विष्णु चंद्र शर्मा का भी है। उन्होंने आज से सैंतालिस अड़तालिस साल पहले वाराणसी के काल भैरव से कविता मासिक 'कवि' का जो प्रकाशन शुरू किया था, वह ऐतिहासिक महत्व रखता है।

'कवि' का पहला अंक जनवरी 1957 में प्रकाशित हुआ और अक्टूबर 1957 में दसवें अंक के साथ पहला चरण पूरा हो गया। जनवरी-फरवरी मार्च 1958 में प्रकाशित नई कविता अंक (संयुक्तांक) से दूसरे चरण की शुरुआत हुई और इसी के साथ पत्रिका बंद भी हो गई।

दो आने मूल्य की इस लघुकाय पत्रिका का जीवनकाल भले ही अत्यल्प रहा हो, लेकिन इसने रचनात्मक स्तर पर जो मूल्य स्थापित किए वह चार दशक बाद भी कायम है। आज इस सन् 2005 में 'कवि' की फाईल देखें और उसमें डूबें तो स्पष्ट होता है कि यह पत्रिका अपने पहले ही अंक से देश की समकालीन काव्य-धारा की गहरी पड़ताल आधुनिकता के परिप्रेक्ष्य में करने लगी थी। 'वागद्वार', 'विवेक' और 'विशिष्ट कवि' पत्रिका के तीन नियमित स्तंभ थे और तीनों ही समकालीन काव्य रूपों में हो रहे स्वाभाविक बदलावों तथा नित नई चुनौतियों के मुखरित होते स्वर को अलग-अलग तरीके से समझने के रास्ते थे।

'वागद्वार' संपादकीय पन्ना था और 'विवेक' पत्र-पत्रिकाओं में प्रकाशित ताजा-तरीन कविताओं व सद्य प्रकाशित काव्य-संग्रहों की टिप्पणी पर केंद्रित पन्ना। महज 23-24 वर्षीय नवयुवक साहित्यकार के संपादन में निकल रही पत्रिका के इन स्तंभों में काव्य चिंतन और काव्य-संबंधी विवेचन क्षमता जिस व्यापाक ढंग से प्रस्फुटित होता गया, वह चकित करता है। लेकिन 'कवि' के तीसरे स्तंभ 'विशिष्ट कवि' के माध्यम से समकालीन कविता की प्रस्तुति के साथ-साथ उसे परखने के लिए पुराने विचारों की जगह नए मानदण्ड की तलाश का जो उपक्रम किया गया उसे विशेष रूप से रेखांकित किया जा सकता है।

अपने समय से जीवंत संवाद करने और परिस्थितियों से टकराते हुए अपनी राह बनाने वाले कवियों को उनकी विशिष्ट काव्य प्रवृत्तियों, आत्म-संघर्ष और कलागत

सरोकारों के साथ प्रस्तुत करने का क्रम त्रिलोचन से शुरू हुआ। त्रिलोचन की प्रसिद्ध कविताएं 'परदेशी के नाम पत्र' और 'प्रिय गान नहीं गा सका तो' के अलावा दो और कविताएं अंक में दी गई हैं और कवि व्यक्तित्व पर लिखा है विष्णुचंद्र शर्मा ने। दूसरे अंक के विशिष्ट कवि हैं केदारनाथ अग्रवाल, जिन पर केदारनाथ सिंह की टिप्पणी है। तीसरे अंक में नामवर सिंह की आठ कविताएं विशिष्ट कवि के रूप में है और उनकी विशिष्टता पर लिखा है त्रिलोचन ने। नामवर सिंह कवि थे, यह हमारी पीढ़ी के कितने साथी जानते हैं।......

धुंधवाता अलाव, चौतरफा मोढ़ा मचिया
पड़े गुड़गुड़ाते हुक्का खींच मिरजई
बाबा बोले लख अकास : अब मटर भी गई
देखा सिर पर नीम फांक में हो कचपचिया

जीवन गंध और संघर्ष की आंच से ओत-प्रोत ऐसे चित्र की रचना करने वाले नामवर सिंह में निश्चित ही बड़े कवि की संभावना कोई कम न थी। त्रिलोचन ने इसी संभावना को लक्ष्य करके लिखा था, ''नामवरसिंह कालविचार से ही नहीं, अर्थविचार से भी आधुनिक कवि हैं।'' हालांकि नामवर सिंह के आधुनिक कवि पर उनका आधुनिक आलोचक भारी पड़ गया और नामवरसिंह नामक कवि आज परिदृश्य में कहीं नहीं है। लेकिन कवि के शुरुआती दोनों विशिष्ट कवि–त्रिलोचन और केदारनाथ अग्रवाल आज भी हिंदी कविता के विशिष्ट कवि हैं। इनके कवि व्यक्तित्व में जिस विशिष्टता को रेखांकित किया गया था वह काल के लंबे प्रवाह में भी नहीं मिटा है।

त्रिलोचन अस्सी की उम्र पार कर आज भी कर्ममार्ग के संदेशवाहक हैं–जो यथार्थवादी परंपरा के समर्थ कवियों की तरह जनसमुदाय की मर्मानुभूति को वाणी दे रहे हैं। साक्ष्य है उनका नया काव्य संग्रह–'जीने की कला (2004)'। दूसरी ओर केदारनाथ अग्रवाल पर की गई केदारनाथ सिंह की टिप्पणी भी खरी उतर रही है : ''उनके द्वारा आविष्कृत बिंबों की भास्वरता हमें चमत्कृत करती है और उनके गूढ़ अकृत्रिम संवेदना हमारी सौंदर्य चेतना के गहन स्तरों को छू जाती है।'' इन दोनों ही श्रेष्ठ कवियों ने अपने समय की काव्यधारा को तो प्रभावित किया ही, इनका लेखन आज भाव, भाषा और युग-संवेदना हर दृष्टि से हमारी प्रेरणा का स्रोत बना हुआ है। और इनका स्वर आम भारतीय का स्वर है...।

'कवि' नई कविता युग की पत्रिका थी। 1952 में नई कविता का जो दौर चला वह इस काल तक आते-जाते अपनी तमाम खासियतों-कमियों और अंतर्विरोधों के साथ चर्चा के केंद्र में थी। कवि के प्रत्येक अंक में नई कविता पर नए-नए विचार, नई-नई जानकारियां और नई-नई दृष्टियां सामने आती थीं।

'कवि' के रचनाकार कहने को ही नई पीढ़ी का प्रतिनिधित्व नहीं करते थे और

ना ही उन कवि आलोचकों का नयापन महज कागजी और बौद्धिकता से आच्छादित नयापन था। उनका नयापन यथार्थ की जमीन पर विकसित होता हुआ सुविचारित और चिंतनपरक नयापन था। वे यह मानते थे कि नई कविता ''आज के संघर्ष की अभिव्यक्ति है और व्यक्ति और समाज के असामंजस्य की समस्या ही आज की कविता का नया प्रश्न है। परिस्थितयों की विषमता से कवियों के मन में अंतर्द्वंद्व है।...ऐसे अंतर्द्वंद्व से जीवन में शक्ति और सजीवता आती है। जिस नए कवि ने सामाजिक असामंजस्य को जितनी ही ईमानदारी से अभिव्यक्त किया है, वह उतना ही ऊंचा उठा है।''

नई कविता के संदर्भ में कही गई यह बातें 'कवि' के चौथे अंक के विशिष्ट कवि मुक्तिबोध पर सबसे अधिक लागू होती है। इस अंक में प्रकाशित उनकी शीर्षकहीन लंबी कविता (जो 'ब्रह्मराक्षस' का पहला ड्राफ्ट है) हो तो स्पष्ट होता ही है, साथ में नामवर सिंह की टिप्पणी से और भी बेहतर समझा जा सकता है, कि मुक्तिबोध की परंपरा की जड़ कहां है और उनके विकास का मार्ग किस ओर जाता है।

नामवर सिंह जी लिखते हैं–'जब हम अपने आप से लड़ते हुए बाहरी स्थिति से भी लड़ने की कोशिश करते हैं, एक विशेष प्रकार की लंबी कविताएं पैदा होती है, जो आधुनिक कविता की सबसे बड़ी उपलब्धि है। निराला की 'राम की शक्ति पूजा', 'सरोज स्मृति' आदि लंबी कविताएं इसी प्रकार के सघर्ष से उत्पन्न हुई हैं। मुक्तिबोध की लंबी कविताएं उसी परंपरा में आती है।'

केदानाथ सिंह, कीर्ति चौधरी और रामदरश मिश्र क्रमशः पांचवे, छठवें और सातवें अंक के विशिष्ट कवि हैं। नई कविता को नएपन का जीवंत अहसास देने में इनकी सक्रिय और सार्थक भूमिका रही है।

केदारनाथ सिंह तो आगे चलकर हिंदी कविता में सामान्य जन जीवन और ग्राम्यबोध के टटके बिंबों के लिए विशेश रूप से याद लिए जाने लगे। 1950 के आस-पास उभरे केदारनाथ सिंह को नामवर सिंह ने उस नवोत्थान के कवियों में प्रमुख बताया है जो सन् 1940 के पुराने प्रयोगशील कवियों की घुटन, कुण्ठा, अंतर्मुखता तथा कटु बौद्धिकता और उससे पहले की प्रगतिशील पीढ़ी के कवियों की कोरी नीतिक जोश के विरोध में पैदा हुआ। नामवर सिंह जी आगे कहते हैं–''ताजे इमेज) और संवेदनक्षम गीत केदारनाथ सिंह की विशेषताएं हैं। चित्र नई कविता की कसौटी हैं और इनके जरिए किसी कवि की अनुभूतियों के क्षेत्र और साथ-साथ उसकी कला की शक्ति का पता चलता है।''

केदारनाथ सिंह के बहाने नामवर सिंह ने नई कविता के लिए जो कसौटी तय की वह आगे की कविता को समझने के लिए उपयोगी तो रही, लेकिन स्वयं केदारनाथ

सिंह और अन्य कई कवियों की चित्रात्मकता के प्रति अतिरिक्त आग्रह से कविता के सहज विकास में बाधा भी पहुंची, इस दूसरे पहलू को नजरअंदाज नहीं किया जा सकता।

"…..मैं ही तो हूं/ जिसने उपवन में/ बीजों को बोया है अंकुर के उगने से बढ़ने तक/फलने तक। धैर्य नहीं खोया है…" जैसी अस्तित्व बोध की कविताएं रचनेवाली कीर्ति-चौधरी हिंदी काव्य में स्त्री चेतना और और स्त्री स्वर को सहज भाव-भंगिमा में अभिव्यक्ति प्रदान कर रहीं थी। ….कीर्ति चौधरी की उपस्थिति को रेखांकित करते हुए डॉ. रामअवध द्विवेदी नवीन पीढ़ी के काव्य संघर्ष और सौष्ठव को याद करते हैं। उधर रामदरश मिश्र को चंद्रबली सिंह विशिष्ट कवि के रूप में प्रस्तुत करते हुए उनकी अनुभूति में छायावादी पुट और कविता के रूप में छायावादी प्रभाव को रेखांकित करते हैं। साथ ही यह भी बताते हैं कि "रामदरश मिश्र के गीतों में लोक गीतों का माधुर्य और तरलता है, किंतु उनके मुक्त छंदों में वह सजग नियंत्रण हमें नहीं दीख पड़ता, जिसके बिना मुक्तछंद की कविता भाषण या गद्य के निकट पहुँच जाती हैं।" यों रामदरश मिश्र आगे चलकर अपना परिष्कार करते हैं और इस अर्थ में अपनी तरह के ऐसे विशिष्ट कवि के रूप में उभरते हैं जो ग्राम्य जीवन के सौंदर्य और संघर्ष को जितनी जीवंतता से अभिव्यक्त करते हैं, उतनी ही गहराई से नागरीय जीवन की विडंबना और त्रासदियों को।

कवि के आठवें अंक के विशिष्ट कवि थे नलिनविलोचन शर्मा, नवें अंक के दुष्यंत कुमार और दसवें के भवानीप्रसाद मिश्र।

प्रपद्यवाद से संबद्ध कवि नलिन विलोचन शर्मा (जिन्हें नकेनवाद का कवि भी कहा जाता है) की विशिष्टता पर लिखा है त्रिलोचन ने!……नलिन विलोचन शर्मा के बहाने प्रपद्यवाद पर उनकी टिप्पणी गौरतलब है–"प्रपद्यवाद में विचार की प्रखरता या भावों का संकेत मिलता है। विचारों में सूत्र तत्व ही रहता है, विस्तार नहीं।.. .व्यंग्य प्रपद्यवाद का सर्वस्वीकृत माध्यम है। प्रपधवादियों का व्यंग्य दूसरे व्यंग्यकारों से इस बात में भिन्न है कि वे गाली-गलौच की जमीन पर नहीं उतरते। सामान्य जीवन को जैसा कुछ समझते हैं उसकी व्यंजना कुछ सांकेतिक पदों या वाक्यों से वे कर जाते हैं।"

जाहिर है प्रपद्यवाद पर त्रिलोचन जी की यह वस्तुपरक टिप्पणी हिंदी कविता के इतिहास के एक महत्वपूर्ण बिंदु को समझने का बड़ा सूत्र हमें देती है। जिससे कई भ्रम दूर होते हैं और काव्य की नई शक्ति का पता चलता है। नलिन विलोचन शर्मा की 'सिद्धि' कविता चंद शब्दों में ही बड़ी बात कह जाने वाले प्रपद्यवाद की कविता का एक श्रेष्ठ उदाहरण है–

"सिद्धों को भी कैंसर होता है/ उनके दिलों की भी धड़कने बंद होती है

हम बगुला बगल झांकते/ वे हंस हो जाते हैं।''

कवि के नवें अंक के विशिष्ट कवि दुष्यंत कुमार हिंदी कविता को एक नए शिल्प और स्वर के साथ आम जन के दिलों में बसाने वाले कवियों में से हैं। एक कवि के रूप में उनकी ख्याति शुरू से ही बनने लगी थी। इसकी सबसे बड़ी वजह है—''जो कुछ कहना है, उसको एक सीधी लकीर में बेझिझक कह जाने की अद्भुत क्षमता।''

दुष्यंत कुमार के कवि व्यक्तित्व की विशिष्टता को रेखांकित करते हुए केदारनाथ सिंह आगे कहते हैं—''कालक्रम की दृष्टि से देखें तो दुष्यंत की कविताएं 'दूसरा सप्तक' के बाद की उस स्वस्थ्य सामाजिक धारा का प्रतिनिधित्व करती है, जिसमें नई कविता की समस्त कलात्मक उपलब्धियों का गहन विरल योग है।'' दुष्यंत कुमार की यही खासियतें आगे चलकर उन्हें हिंदी ग़ज़ल का सबसे अधिक पढ़ा जाने वाला आधुनिक ग़ज़लकार बनाता है।

जिस तरह हम बोले हैं। उस तरह तू लिख
उसके बाद हमसे भी बड़ा तू दिख।

कहने वाले भवानी प्रसाद मिश्र 'कवि' के दसवें विशिष्ट कवि हैं। उनकी कविताई पर विस्तार से लिखा है हजारीप्रसाद द्विवेदी ने। द्विवेदीजी भवानी प्रसाद मिश्र की विशिष्टता को बहुत ही विशिष्ट अंदाज में व्यक्त करते हैं—''एक सहृदय मित्र ने पूछा कि तुम क्या जानते हो कवि भवानी मिश्र को। जिसकी सहज कविता हुआ करती असाधारण मगर पहले बहुत सामान्य दिखती है। जबां ऐसी कि हर कूचे-गली के लोग भी समझें, अदा ऐसी कि भारी ठूंठ-बौड़म रीझ जाएं।''

सचमुच भवानी प्रसाद मिश्र अपनी तरह के अकेले कवि हैं। जिन्होंने न सिर्फ़ कहन की नई शैली ईजाद की, बल्कि कथ्य के मामले में भी अछूते से अछूते प्रदेश में प्रवेश करते हैं।.....यों भवानी प्रसाद मिश्र ने अति सहजता के चक्कर में अपने कवि को नुकसान भी कम नहीं पहुंचाया है। उनका लहजा लटका बनने लगा था और शब्दों से खेलते-खेलते शब्दों के महल में कैद हो गए—इस ओर 'कवि' के 'विवेक स्तंभ में कवि-मित्र ने सही ढंग से लिखा है जो हरेक नए कवियों के लिए बड़े काम का कहा जा सकता है।

नई कविता, अकविता, प्रपद्यवाद व ऐसे ही कई काव्य आंदोलनों, नारों तथा लटकों-झटकों से होते-हुआते हिंदी कविता और आलोचना आज जिस उत्तर आधुनिक मुकाम पर खड़ी है, वहां से बातें करे तो 'कवि' ने आज से चार दशक पहले जिन दस विशिष्ट कवियों को प्रस्तुत किया था वह मील के दस पत्थर प्रतीत होते हैं। तब पत्रिकाएँ तो बहुत थीं और बड़ी अच्छी-अच्छी थीं, कवि-आलोचक भी बहुत थे पर जो प्रतिबद्धता और वैचारिक पक्षधरता अपने समय के संघर्ष, स्वप्न, त्रासदी और

द्वंद्व को अभिव्यक्त करने के लिए ज़रूरी थी उसे वह पूरी कर पा रहे थे या नहीं यह देखा जाना चहिए!...जहां तक इस संदर्भ में 'कवि' का सवाल है, तो उसकी सोच और दृष्टि दोनों ही एकदम साफ़ थी उसका कहना था—"जीवनव्यापी जटिलताएं नई भाषा भंगी द्वारा ही उद्घाटित हो सकती है। प्राचीन साहित्यिक प्रतिमान आधुनिक हृदय को प्रभावित और स्तब्ध तो कर सकते हैं, परंतु उसका पूर्ण समाधान नहीं कर सकते।"

उन दिनों की बड़ी पत्रिकाएं राष्ट्रवाणी, कल्पना, आजकाल आदि जब दर्द, आस्था, आत्मरति आदि की अंतर्मुखी कोठरियों में बंद कवियों की कविताएं छाप रही थीं और नई कविता के नाम पर वीरेंद्र जैन, राजेंद्र किशोर, लक्ष्मीकांत वर्मा तथा जगदीश गुप्त उल्टे-सीधे कुछ भी लिख रहे थे तब 'कवि' के कवि जमाने के अधिक निकट और उसकी तीव्र अनुभूति को दिखाने का यत्न करते हैं। इस काम को अंजाम देने वाले कवियों में नए तो थे ही, कुछ पिछली पीढ़ी के भी थे। नए भाव बोध वाले नागार्जुन, शमशेर, पारसनाथ सिंह, विजेंद्र, ठाकुर प्रसाद सिंह, शंभूनाथ सिंह, जानकी वल्लभ शास्त्री, परमानंद श्रीवास्तव, भगवान सिंह, अजीत कुमार, शेखर जोशी, महेंद्र भल्ला, श्रीकांत वर्मा आदि 'कवि' के साथी कवि थे। और भारतीय भाषा के कवियों के साथ-साथ वैश्विक भाषा के कवियों की कविताएं भी 'कवि' के अंकों में छपती रही हैं।....जाहिर है 'कवि' पत्रिका अपने युग और परिवेश से जुड़कर आगे बढ़ रही थी और उसकी आंखों में भविष्य का सपना साफ़-साफ़ चमका करता था-जिसे 'सर्वनाम' के अंकों में आज की तारीख में पूरी जीवंतता के साथ देखा जा सकता है।

04-04-2005

कवि परिचय

त्रिलोचन

जन्म-तिथि : 20 अगस्त, 1917
जन्म-स्थान : चिरानीपट्टी, कटघरापट्टी, ज़िला सुल्तानपुर (उ.प्र.)।
शिक्षा : बी.ए. तथा अंग्रेज़ी साहित्य में एम.ए. (पूर्वार्द्ध)।
हिंदी के वरिष्ठतम कवियों में से एक।
जीविका के लिए बरसों पत्रकारिता और अध्यापन-कार्य। *हंस, कहानी, वानर, प्रदीप, चित्ररेखा, आज, समाज* और *जनवार्ता* आदि पत्र-पत्रिकाओं में संपादन-कार्य।
1952-53 में गणेशराय नेशनल इंटर कॉलेज, जौनपुर में अंग्रेज़ी के प्रवक्ता रहे। 1967-72 के दौरान विदेशी छात्रों को हिंदी, संस्कृत और उर्दू की शिक्षा प्रदान की। कुछ वर्ष उर्दू विभाग, दिल्ली विश्वविद्यालय की द्वैभाषिक कोश (उर्दू-हिंदी) परियोजना में कार्य। कई वर्षो तक मुक्तिबोध सृजन पीठ, सागर विश्वविद्यालय, सागर (म.प्र) के अध्यक्ष रहे।
अनेक पुरस्कारों से सम्मानित-जिनमें प्रमुख हैं : साहित्य अकादेमी पुरस्कार, उत्तर प्रदेश हिंदी संस्थान सम्मान-पुरस्कार, मैथिलीशरण गुप्त सम्मान (म.प्र) हिंदी अकादमी (दिल्ली) का शलाका सम्मान व मध्य प्रदेश साहित्य परिषद का भवानीप्रसाद मिश्र राष्ट्रीय पुरस्कार।

केदारनाथ सिंह

जन्म स्थान : चकिया, जिला-वलिया (उत्तर प्रदेश) जन्म दिन– 1934 ई.
पुस्तकें : 'अभी बिल्कुल अभी', 'यहां से देखो', 'अकाल में सारस', 'बाघ' (कविता संग्रह), तालस्ताय और साइकिल, मेरे समय के शब्द, कब्रिस्तान में पंचायत (आलोचना)
पता : ए-88/3 एस.एफ. फ्लैट, साकेत, नई दिल्ली

कीर्ति चौधरी

जन्म : नईमपुर, उन्नाव, उत्तर प्रदेश (1934)
शिक्षा : एम.ए. हिंदी, आगरा विश्वविद्यालय (1954)
विवाह : कवि-लेखक ओंकारनाथ श्रीवास्तव से लखनऊ में (1958)
प्रकाशन : कविताएँ (1958), तीसरा सप्तक : अज्ञेय द्वारा संपादित (1959), खुले

हुए आसमान के नीचे (1968), कीर्ति चौधरी की कविताएँ (2004), कीर्ति चौधरी की कहानियाँ (2004)

पता : 2, Aberdare Gardens, Mill Hill East, London NW 7 Ds U.K.

नामवर सिंह

जन्मस्थान : जायतपुर, (वाराणसी)

जन्म दिन : 1 मई, 1927,

पुस्तकें : 'आधुनिक साहित्य की प्रवृतियाँ, 'छायावाद', 'इतिहास और आलोचना,' 'कहानी-नई कहानी', 'कविता के नए प्रतिमान', 'दूसरी परंपरा की खोज', 'बाद विवाद संकट', 'कहना न होगा' 'आलोचक के मुख में'

पता : 32 शिवालिक अपार्टमेंट्स, अलकनंदा, पाकेट 'ए', नई दिल्ली 110019,

फोन : 26443762

मुक्तिबोध

जन्म स्थान : श्योपुर, (मुरेना जिला)

जन्म दिन : 13 नव., 1917 **स्वर्गवास :** 11 सितंबर, 1964

पुस्तकें : 'चाँद का मुंह टेढ़ा था', 'भूरी-भूरी खाड धूल', (कविता संग्रह) 'एक साहित्यिक की डायरी', 'नयी कविता का आत्म संघर्ष, (आलोचना)

भवानीप्रसाद मिश्र

जन्म स्थान

जन्म दिन 1913 स्वर्गवास 1985

पुस्तकें 'गीत-फरोश', 'बुनी हुई रस्सी', 'खुश्बू' के गिलावे', 'अंधेरी कविताएँ' (कविता संग्रह)

'कालजयी' (खण्डकाव्य)

रामदरश मिश्र

जन्म—15 अगस्त 1924 को गोरखपुर जिले के डुमरी गांव में।

उपन्यास–पानी के प्राचीर, जल टूटता हुआ, बीच का समय (आदिम राग), सूखता हुआ तालाब, अपने लोग, रात का सफर, आकाश की छत, बिना दरवाजे का मकान, दूसरा घर, थकी हुई सुबह, बीस बरस।
कविता–पथ के गीत, बैरंग बेनाम चिठ्ठियां, पक गयी है धूप, कंधे पर सूरज, दिन एक नदी बन गया, जुलूस कहां जा रहा है, आग कुछ नहीं बोलती, बारिश में भीगते बच्चे, मेरे प्रिय गीत, ऐसे में जब कभी।
ग़ज़ल संग्रह–बाज़ार से निकले हैं लोग, हंसी ओंठ पर आंखें नम हैं।
कहानी–खाली घर, एक वह, दिनचर्या, वसंत का एक दिन, सर्पदंश, अपने लिए आज का दिन भी, फिर कब आयेंगे, एक कहानी लगातार, विदूषक दिन के साथ।
आत्मकथा–सहचर है समय, फुरसत के दिन।
यात्रावृत–तना हुआ इन्द्रधनुष, भोर व सपना, पड़ोस की खुशबू।
संस्मरण–समृतियों के छन्द, अपने अपने रास्ते।
निबंध–कितने बजे हैं, बबूल और कैक्टस, घर-परिवेश।
संचयन–बूंद-बूंद नदी।

दुष्यंत कुमार

जन्म स्थान जन्म दिन
स्वर्गवास
पुस्तकें

नलिन विलोचन शर्मा

जन्म स्थान जन्मदिन
स्वर्गवास
पुस्तकें

हजारी प्रसाद द्विवेदी

जन्म दिन : सन 1907 स्वर्गवास 19 मई, 1979 जन्म स्थान भारत दुबे का छपरा, ओझव वलिया (उ0प्र0)
पुस्तकें : 'बाण भट्ट की आत्मकथा', अनामदास का पोथा, (उपन्यास) 'हिंदी साहित्य की भूमिका', 'कबीर', 'सूर-साहित्य', आदिकाल (आलोचना)